MW01707830

Madame Labriski

Ces galettes
dont tout le monde parle

Miamski!

À votre cuillère en bois !

Cuisiner sans sucre et sans gras ajoutés et générer du bonheur en même temps, c'est possible. Madame Labriski est le doux délire créatif de Mériane Labrie, une maman entrepreneure et marathonienne qui sucre tout à la purée de dattes et qui lie ses recettes avec du yogourt nature sans gras ou de la compote de pommes non sucrée. Un truc de grano qui goûte le gazon ? Non, de délicieuses recettes surprenantes et, surtout, faciles à faire.

Osez vous faire du bien : faites comme les milliers de personnes à travers le monde qui suivent les aventures de la Madame sur madamelabriski.com et sur les réseaux sociaux : mettez tous les ingrédients dans un bol, mélangez et carburez aux Labriskis.

Faire des galettes énergisantes est une partie de plaisir.
Amusez-vous !

À ma mère qui,
dès mon plus jeune âge,
m'a toujours laissée faire
des expériences culinaires.

Aux étincelles de ma vie :
Antoinette, Adrien et Philippe.

Guy Saint-Jean Éditeur
3440, boul. Industriel
Laval (Québec) Canada H7L 4R9
450 663-1777
info@saint-jeanediteur.com
www.saint-jeanediteur.com

Données de catalogage avant publication disponibles à Bibliothèque et Archives nationales du Québec et à Bibliothèque et Archives Canada

Financé par le gouvernement du Canada | Canada SODEC Québec

Nous reconnaissons l'aide financière du gouvernement du Canada par l'entremise du Fonds du livre du Canada (FLC) ainsi que celle de la SODEC pour nos activités d'édition.
Gouvernement du Québec — Programme de crédit d'impôt pour l'édition de livres — Gestion SODEC

Auteure : Mériane Labrie
Révision : Linda Nantel
Correction : Émilie Leclerc
Conception graphique : 21 grammes - Agence d'idéation
Mise en pages : Diane Marquette
Photographies : Jean-François Frenette
Stylisme culinaire et accessoires : 21 grammes - Agence d'idéation

Dépôt légal — Bibliothèque et Archives nationales du Québec, Bibliothèque et Archives Canada, 2016

ISBN : 978-2-89758-177-0
ISBN PDF : 978-2-89758-178-7

Imprimé et relié au Canada
4e impression, octobre 2016

ASSOCIATION NATIONALE DES ÉDITEURS DE LIVRES

Guy Saint-Jean Éditeur est membre de
l'Association nationale des éditeurs de livres (ANEL).

Madame

Table des matièreskis

Carburez-VOUS aux Labriskis ?

Attention ! Ces recettes peuvent créer une dépendance faisant en sorte que vous pourriez vouloir manger des Labriskis tous les jours, jour après jour. Le matin, le midi, le soir : tout le temps. (On préfère vous en avertir.)

Vous avez la dent sucrée et cherchez des solutions gourmandes pour vous gâter au quotidien sans culpabilité ? Vous aimerez cuisiner des Labriskis. Toutes sucrées à la purée de dattes, elles sont remplies de fibres… même les plus décadentes. Ces recettes 100 % santé donnent le goût de mordre dans la vie. Qui a dit que ça devait être compliqué de cuisiner santé ?

Des recettes hypocaloriques ?

Non, des recettes santé énergisantes et, surtout, super faciles à faire.

Des recettes SANS NOIX, SANS CHOCOLAT et SANS PRODUITS LAITIERS pour mettre dans les boîtes à lunch ?

Oui. À la page 89, y a même une version santé de la fameuse patte d'ours du commerce.

Des recettes SANS GLUTEN ?

Oui. Depuis les dernières années, les farines sans gluten disponibles sur les tablettes se sont vraiment améliorées.

La Madame (moi ça) a fait la découverte que cuisiner sans gluten n'était pas si compliqué que ça. En fait, vous pouvez prendre n'importe quelle recette et l'adapter facilement en version SANS GLUTEN… si vous prenez des ingrédients sans gluten.

Des recettes pour les sportifs ?

Oui. Marathonienne, je me cherchais des collations santé énergisantes pour faire le plein d'énergie avant mes séances de course à pied. Finalement, j'ai aussi créé des recettes de récupération sportive pour maximiser la récupération après l'effort.

Si je suis une nutritionniste de formation ?

Non, je suis une femme d'idées qui a le goût de changer le monde une galette à la fois.

Faire des Labriskis, c'est simple, simple, simpleski !

Vous êtes nul en cuisine ? Excellent.

Mettez tous les ingrédients dans un bol,
mélangez, enfournez, laissez reposer et dégustez.
Tadamski ! Vous savez faire des Labriskis.

Ah ! les dattes, ces petites bombes de bienfaits pour le corps.

Purée de dattes, mon amour

Il y a quelques années, je cherchais une façon de pouvoir me donner de la bonne énergie tout en me faisant plaisir. Un jour, perplexe de ne pas trouver de recettes vraiment santé (sans sucre raffiné), j'ai pris ma cuillère en bois et je me suis mise à explorer. C'est ainsi qu'est venu au monde l'univers créatif de Madame Labriski, un laboratoire culinaire gourmand où, armée de mon imagination et de ma nouvelle amie la purée de dattes, tout devint possible.

Pourquoi sucrer à la purée de dattes ? Parce que la datte est le fruit séché au goût le plus neutre. Riche en fibres, elle nous permet de faire des merveilles. La datte est un excellent sucre naturel. Je l'aime d'amour.

Si j'ai essayé de créer d'autres sortes de purée ? Oui. Purée de raisins secs, d'abricots séchés, de pruneaux, de figues, j'ai essayé plein de recettes. Mais la championne des championnes (rapport qualité-prix-rendement-saveur) est la purée de dattes.

Vite ! Allez à la page 22 pour constater à quel point la purée de dattes est facile à faire.

Bonnes au goût, elles offrent aussi d'autres avantages intéressants :

01 Elles nettoient les artères et, à long terme, ça peut faire une grande différence pour la santé.
02 Leur consommation régulière aide le foie à remplir ses fonctions quotidiennes.
03 Riches en potassium, elles aident à prévenir les maladies cardiovasculaires et à réduire le cholestérol.
04 Leur concentration élevée en vitamine A favorise la régénération de la cornée et protège les yeux.
05 Elles préviennent la constipation et optimisent la digestion.
06 Elles sont une excellente source d'énergie pour l'activité physique. BINGO !

À la lumière de tout cela, qu'attendez-vous pour vous offrir une *date* avec les dattes et exploser de vitalité ?

Ce dont vous avez besoin

1 cuillère en bois

2 cuillères à thé ou à soupe (pour déposer les galettes sur la plaque) ou une portionneuse

1 tasse à mesurer ou des cuillères à mesurer

1 plaque à galettes (ou, si vous préférez, à biscuits)

1 bol à mélanger

1 moule à muffins (et des caissettes de papier parchemin ou en silicone)

1 moule à cake rond de 18 cm (7 po)

1 moule à pain de 30 cm x 13 cm (12 po x 5 po)

On aime !

1 tapis en silicone ou du papier parchemin (sinon tout va coller sur la plaque)

Pratique !

1 grille de refroidissement (on en trouve dans les magasins à un dollar)

Facultatif !

Une balance (peser les aliments permet de gagner du temps)

Les ingrédients de la recette et votre bonne humeur (Ha ! Ha ! Ha !).

Le garde-manger de base Labriski

- dattes sèches dénoyautées
- yogourt nature sans gras ou compote de pommes non sucrée du commerce
- bicarbonate de soude
- poudre à pâte
- sel
- farine (avec ou sans gluten… celle que vous aimez : blé, épeautre, kamut, avoine, quinoa, etc.)
- graines de chia ou de lin (elles sont toujours interchangeables)
- flocons d'avoine à cuisson rapide
- fruits secs, pépites de chocolat et autres fantaisies qui vous font plaisir !

Bon à savoir… et dans le bedon

Pour toutes les recettes, on peut remplacer le yogourt nature par de la compote de pommes non sucrée du commerce et vice versa. N'est-ce pas génial ?

Labriskinnerie !

Dans la vie comme dans la cuisine, tout est une question d'attitude et d'énergie. Avec les années, j'ai remarqué que lorsqu'on cuisine dans le bonheur, les résultats de nos créations culinaires sont meilleurs.

Cuisinez dans la bonne humeur et faites des heureux autour de vous.

Trucski pour faire chic

Vous voulez faire de belles galettes à la forme parfaite ?

Utilisez une cuillère à crème glacée (aussi connue sous le nom de portionneuse à crème glacée) pour les former. J'en ai trois formats à la maison :

15 g (½ oz) = le format mignardise
30 g (1 oz) = le format collation
70 g (2 ½ oz) = le format gourmand

Un fait succulent !

Toutes les recettes de Labriskis sont meilleures une fois refroidies.

Le lendemain, elles sont encore plus savoureuses.

Conservation des Labriskis… sans agents de conservation

Oubliez votre jarre à biscuits. Ces créations se conservent au frigo ou au congélateur.

Pour maximiser leur goût et leur durée de vie, on les garde dans un plat hermétique :

- 1 grosse semaine au réfrigérateur
- 3 mois au congélateur

En passant, tout le monde me dit que c'est impossible de garder des Labriskis une semaine au frigo… parce que tout le monde les dévore.

Bon succès !

Des recettes sans sucre, sans gras, sans gluten, sans produits laitiers et remplies de goût.

Toutes les recettes de ce livre peuvent être cuisinées sans gluten et sans produits laitiers. Vraiment ? Oh ! que oui !

Il suffit de prendre votre farine sans gluten préférée et d'opter pour de la compote de pommes non sucrée du commerce au lieu du yogourt nature. Pourquoi se casser la tête en achetant des ingrédients compliqués ?

Soyez créatif et faites-vous confiance.

Bon, d'accord, on triche un peu.

La pâte de toutes les recettes est SANS SUCRE et SANS GRAS AJOUTÉS, c'est vrai à 100 %.

Des fois, on met des pépites de chocolat ou de caramel dans la recette et il y a du sucre dans ces ingrédients, c'est vrai aussi. Au début de l'aventure, je ne voulais pas en mettre. Une nutritionniste m'a dit que cette petite quantité de sucre ajoutée était importante puisqu'elle contribuait à générer du bonheur dans notre cerveau et que tout était une question d'équilibre. Si vous ne voulez pas en mettre, n'en mettez pas. Simplement. Pour une version encore plus santé, on prend des pépites de chocolat noir (75 % de cacao et plus).

Les calories, ces petits chiffres qui nous font tourner la tête.

Il faut manger pour pouvoir s'amuser, se dépenser et se dépasser dans la vie. Plusieurs personnes m'écrivent pour avoir le tableau de la valeur nutritive des recettes. Comme je ne suis ni nutritionniste ni diététiste, je m'arrête au développement des recettes. Décider de manger santé est un choix. Lorsqu'on cuisine, on contrôle ce qu'on met dans nos recettes et dans notre corps. J'ai fait le choix de ne pas compter les calories que je mange. Après tout, elles ne sont que de petits chiffres.

Mon choix santé :
faire un travail que j'aime, bien manger, et bouger le plus possible.

Vous faites des Labriskis ?

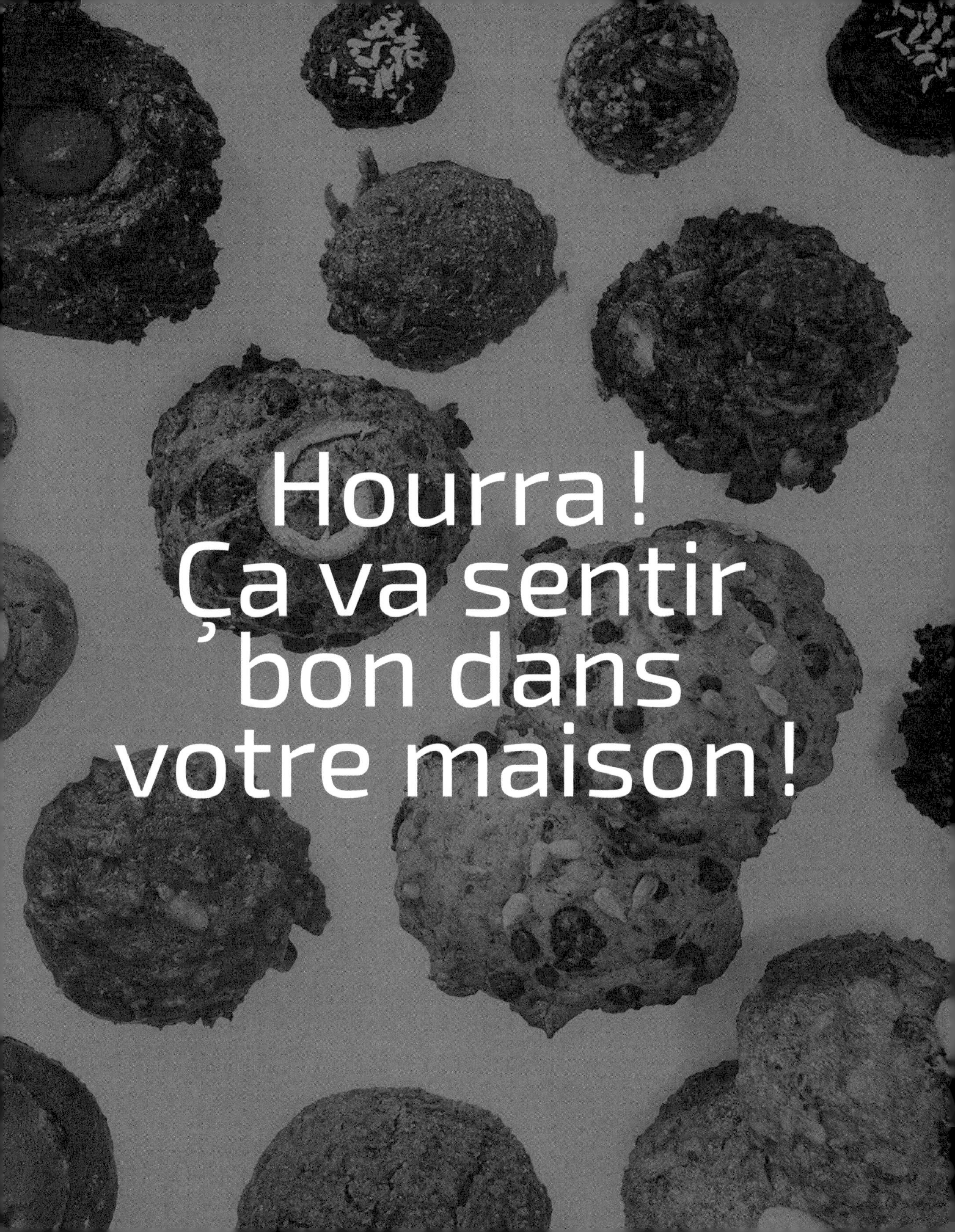
Hourra !
Ça va sentir
bon dans
votre maison !

Comment faire de la purée de dattes ?

Facileski !

Donne 750 g (2 ½ tasses) de purée de dattes, soit 5 portions de 150 g (½ tasse)

Préparation : environ 25 minutes

Cuisson : 4 minutes au micro-ondes (on peut aussi la préparer sur la cuisinière)

Ingrédients

500 g (3 tasses) de dattes séchées, dénoyautées

410 ml (1 ⅔ tasse) d'eau

C'est tout !

Truc de la Madame

Pour presque toutes les recettes, on utilise 150 g (½ tasse) de purée de dattes. **Pour gagner en efficacité, congelez-la en portion de 150 g (½ tasse). C'est pratique.**

Une recette, trois options

Au micro-ondes

Mettre les dattes et l'eau dans un contenant allant au micro-ondes et cuire 4 minutes.

Passer le tout au pied-mélangeur (ziiiiiii !, ziiiiiii !) jusqu'à l'obtention d'une texture semblable à celle du yogourt grec. Si la cuillère tient debout dans la purée, c'est qu'elle est parfaite. Bravo ! Vous avez une belle purée de dattes Madame Labriski.

Sur la cuisinière

Dans une casserole, porter l'eau et les dattes à ébullition et laisser mijoter à feu moyen jusqu'à ce que celles-ci soient bien molles. Si l'on n'a pas de pied-mélangeur (ziiiiiii !, ziiiiiii !), brasser vigoureusement à l'aide d'une cuillère en bois jusqu'à l'obtention d'une belle purée.

Sur le comptoir

Si l'on a du temps, on met les dattes et l'eau dans un bol et on les laisse reposer sur le comptoir pendant 24 heures. Le lendemain, on passe le tout au pied-mélangeur (ziiiiiii !, ziiiiiii !) ou on brasse vigoureusement à l'aide d'une cuillère en bois jusqu'à l'obtention d'une belle purée.

Conservation

La purée de dattes se conserve 2 semaines dans un plat hermétique gardé au réfrigérateur.

Cocoricoooooo et go, go, go !

La vie est une course folle. Du matin au soir, on n'arrête pas. Métro-boulot-dodo, entraînements-enfants-repas-devoirs… Ayayailleski ! Si on prend le temps de prendre un bon petit-déjeuner ? Pas toujours, mais ce n'est pas une excuse pour se farcir une ô-combien-appétissante-pâtisserie-aux-calories-vides qui, de toute façon, n'aura pas la valeur ajoutée de bien vous soutenir pour la journée. À tous ces êtres pressés, voici des recettes pour commencer votre journée du bon pied. Bonne course… folle !

Recettes pour les matins pressés

Trucski !

Pour plus de goût, congelez vos bananes trop mûres. Mettez-les au micro-ondes 1 minute et hop ! dans la recette.

La **Good Morning banane**

(banane, pacanes et son de blé)

Bon matinnnnnn ! Source de fibres et de matins heureux, cette galette est le soleil de nos matins pressés. Vous avez une faim de loup ? Mettez un peu de beurre d'arachide ou d'amande naturel sur le dessus. Un vrai délice.

Donne 17 galettes de 30 g (1 oz) **Four :** 180 °C (350 °F) **Cuisson :** 15 minutes

225 g (¾ de tasse) de purée de dattes
150 g (½ tasse) de yogourt nature ou de compote de pommes non sucrée
1 banane bien mûre, écrasée
1 œuf

1 c. à soupe d'extrait de vanille pur
½ c. à thé de bicarbonate de soude
1 c. à thé de poudre à pâte
1 pincée de sel

150 g (1 tasse) de farine d'épeautre entier
50 g (½ tasse) de son de blé
40 g (⅓ de tasse) de flocons d'avoine à cuisson rapide
40 g (⅓ de tasse) de graines de lin, broyées
80 g (⅔ de tasse) de pacanes, hachées grossièrement

Comment faire ?

01 Préchauffer le four à 180 °C (350 °F).
02 Dans un bol, bien mélanger tous les ingrédients de la section **noire**.
03 Ajouter les ingrédients de la section **grise**. Attendre la légère émulsion (pour le plaisir) et bien remuer.
04 Incorporer graduellement les ingrédients de la section **rose**.
05 Couvrir une plaque de papier parchemin ou d'un tapis en silicone, sinon tout va coller.
06 Déposer la pâte à la cuillère pour créer de belles Labriskis.
07 Décorer chacune avec une moitié de pacane. Ça fait chic et c'est bon.
08 Cuire au four environ 15 minutes. Profiter de l'odeur alléchante et laisser refroidir sur une grille.

La **Granolita**

La **Légèreté de l'être**

Le **Hello blu...tiful**

La **Granolita**
(avoine et ses délices)

Chaque fois que je dis le nom de cette galette nourrissante, j'ai le goût de sourire. Granolita ! Granolita ! On dirait le nom d'une grand-maman italienne qui cuisine des galettes… aux fibres d'amour. Bonne journée !

La **Légèreté de l'être**
(son de blé et dattes)

Se sentir léger, tout léger… après avoir englouti un bon petit-déjeuner, c'est le pied. Accompagnée de votre boisson chaude préférée, cette Labriski est une super-méga-ultra-source de fibres. À cuisiner dès qu'on en ressent le besoin.

Le **Hello blu…tiful**
(avoine, son de blé et bleuets)

Allô, allô ! Bonjour, bonjour ! Hola, hola ! Hello, hello, blu…tiful ! Si vous aimez les muffins aux bleuets, vous deviendrez gaga de cette solution matinale santé et énergisante qui vous fera dire adieu à vos céréales préférées.

Comment faire ?

01 Préchauffer le four à 180 °C (350 °F).
02 Dans un bol, bien mélanger tous les ingrédients de la section **noire**.
03 Ajouter les ingrédients de la section **grise**. Attendre la légère émulsion (pour le plaisir) et bien remuer.
04 Incorporer les ingrédients de la section **rose**.

Donne 20 galettes de 30 g (1 oz) **Four :** 180 °C (350 °F) **Cuisson :** 12 minutes

150 g (½ tasse) de purée de dattes
150 g (½ tasse) de yogourt nature
80 ml (⅓ de tasse) d'eau
1 œuf

2 c. à soupe d'extrait de vanille pur
½ c. à thé de bicarbonate de soude
1 c. à thé de poudre à pâte
1 pincée de sel

150 g (1 tasse) de farine de blé entier
150 g (1 ½ tasse) de gros flocons d'avoine
50 g (½ tasse) de son de blé
25 g (¼ de tasse) de germe de blé grillé
30 g (¼ de tasse) de graines de lin, broyées
100 g (¾ de tasse) de raisins secs Thompson
75 g (¾ de tasse) de noix de coco râpée non sucrée
65 g (½ tasse) de noix de Grenoble hachées

Donne 12 tops-de-muffins **Four :** 180 °C (350 °F) **Cuisson :** 17 minutes

150 g (½ tasse) de purée de dattes
150 g (½ tasse) de compote de pommes non sucrée
1 œuf

1 c. à thé d'extrait de vanille pur
½ c. à thé de bicarbonate de soude
1 c. à soupe de poudre à pâte
1 pincée de sel

150 g (1 tasse) de farine de blé entier
100 g (1 tasse) de son de blé
160 g (1 tasse) de dattes séchées ou 200 g (1 tasse) de pruneaux, dénoyautés et hachés
30 g (¼ de tasse) de graines de lin, broyées

Donne 8 tops-de-muffins **Four :** 180 °C (350 °F) **Cuisson :** 18 minutes

150 g (½ tasse) de purée de dattes
150 g (½ tasse) de yogourt nature sans gras
1 œuf

1 c. à soupe d'extrait de vanille pur
½ c. à thé de bicarbonate de soude
½ c. à soupe de poudre à pâte
1 pincée de sel

75 g (½ tasse) de farine d'épeautre entier ou autre
50 g (½ tasse) de son de blé
30 g (¼ de tasse) de graines de lin, broyées
150 g (1 tasse) de bleuets frais ou surgelés

05 Couvrir une plaque de papier parchemin ou d'un tapis en silicone, sinon tout va coller.
06 Déposer la pâte à la cuillère pour créer de belles Labriskis.
07 Décorer chacune avec quelques flocons d'avoine.
08 Cuire au four le temps indiqué. Profiter de l'odeur alléchante et laisser refroidir sur une grille. Bon régalski !

La **Oranginale**

(jus d'orange et dattes)

Une galette au jus d'orange ? Exactement. Faite avec du jus d'orange concentré, elle est 100 % délicieuse. On aime sa simplicité autant que son goût de fraîcheur. Le matin, c'est tellement bon !

La **Van Go**

(graines de tournesol et raisins secs)

Cette galette est un véritable festival de graines de tournesol, une bonne source de fibres. Imaginez un champ de tournesols qui brillent au soleil, n'est-ce pas magnifique ? C'est ça, la Van Go : une source d'énergie remplie de soleil !

La **Maaatcha**

(avoine et matcha)

Matcha, maaatcha ! Le goût de cette poudre de thé vert bourrée de nutriments et d'antioxydants me fait chavirer. Avec la Maaatcha, vos matins seront supervitalisants. Parole de Madame Labriski !

Comment faire ?

01 Préchauffer le four à 180 °C (350 °F).
02 Dans un bol, bien mélanger tous les ingrédients de la section **noire**.
03 Ajouter les ingrédients de la section **grise**. Attendre la légère émulsion (pour le plaisir) et bien remuer.
04 Incorporer les ingrédients de la section **rose**.

Donne 20 galettes de 30 g (1 oz) **Four:** 180 °C (350 °F) **Cuisson:** 15 minutes

150 g (½ tasse) de purée de dattes
150 g (½ tasse) de concentré de jus d'orange surgelé
1 œuf

½ c. à thé de bicarbonate de soude
½ c. à soupe de poudre à pâte
1 pincée de sel

150 g (1 tasse) de farine avec ou sans gluten
25 g (¼ de tasse) de poudre d'amandes
40 g (¼ de tasse) de graines de chia
80 g (½ tasse) de dattes séchées dénoyautées, en morceaux

Donne 12 galettes **Four:** 180 °C (350 °F) **Cuisson:** 15 minutes

150 g (½ tasse) de purée de dattes
150 g (½ tasse) de compote de pommes non sucrée
1 œuf

1 c. à soupe d'extrait de vanille pur
½ c. à thé de bicarbonate de soude
½ c. à thé de poudre à pâte
1 pincée de sel

115 g (¾ de tasse) de farine d'avoine
75 g (¾ de tasse) de flocons d'avoine à cuisson rapide
25 g (¼ de tasse) de son de blé
40 g (¼ de tasse) de graines de chia
30 g (¼ de tasse) de graines de lin, broyées
60 g (½ tasse) de graines de tournesol, écalées
65 g (½ tasse) de raisins secs

Donne 12 galettes de 30 g (1 oz) **Four:** 180 °C (350 °F) **Cuisson:** 15 minutes

150 g (½ tasse) de purée de dattes
150 g (½ tasse) de compote de pommes non sucrée
60 ml (¼ de tasse) de lait (ou de boisson d'amande ou de soja)
1 œuf

1 c. à soupe d'extrait de vanille pur
½ c. à thé de bicarbonate de soude
1 c. à soupe de poudre à pâte
1 à 3 c. à soupe de poudre de thé matcha

150 g (1 tasse) de farine d'avoine
70 g (¾ de tasse) de flocons d'avoine à cuisson rapide
2 c. à soupe de graines de chia
100 g (½ tasse) de pépites de chocolat blanc (facultatif)

05 Couvrir une plaque de papier parchemin ou d'un tapis en silicone, sinon tout va coller.
06 Déposer la pâte à la cuillère pour créer de belles Labriskis et décorer si désiré.
07 Cuire au four environ 15 minutes. Ça va sentir le gros bonheur dans votre cuisine.
08 Défi : attendre que les galettes soient refroidies avant de les goûter. Elles sont tellement bonnes.

La **Bette de champion**

(poudre de betterave crue, quinoa et graines de citrouille)

Sans gluten et riche en nitrates grâce aux betteraves, cette galette est la solution matinale pour les sportifs. Il semblerait que les nitrates améliorent l'endurance et les performances physiques. Quant à la farine de quinoa, on l'aime d'amouuur! À dévorer tous les matins!

Donne 24 galettes de 30 g (1 oz) **Four:** 180 °C (350 °F) **Cuisson:** 15 minutes

150 g (½ tasse) de purée de dattes
150 g (½ tasse) de compote de pommes non sucrée
2 œufs

½ c. à soupe d'extrait de vanille pur
½ c. à thé de bicarbonate de soude
1 c. à soupe de poudre à pâte

65 g (½ tasse) de farine de quinoa
50 g (⅓ de tasse) de poudre de betterave crue (betteraves déshydratées)
40 g (¼ de tasse) de graines de chia
65 g (½ tasse) de graines de citrouille vertes, écalées
50 g (½ tasse) de pépites de chocolat blanc (facultatif)

Comment faire?

01 Préchauffer le four à 180 °C (350 °F).
02 Dans un bol, bien mélanger tous les ingrédients de la section **noire**.
03 Ajouter les ingrédients de la section **grise**. Attendre la légère émulsion (pour le plaisir) et bien remuer.
04 Incorporer les ingrédients de la section **rose**.
05 Couvrir une plaque de papier parchemin ou d'un tapis en silicone, sinon tout va coller.
06 Déposer la pâte à la cuillère pour créer de belles Labriskis.
07 Décorer avec quelques graines de citrouille ou pépites de chocolat blanc.
08 Cuire au four environ 15 minutes. Profiter de l'odeur alléchante et laisser refroidir sur une grille avant de vous régaler. C'est mauve et plein de bienfaits.

Poudre de betterave crue?

Cette merveille se trouve dans les épiceries santé ou dans la section bio de votre épicerie préférée.

Le **Réveil d'Azur**

(bleuets et zeste de citron)

Un doux matin + une terrasse + un muffinski Réveil d'Azur = vous voilà en vacances ! Moelleux et rempli de bleuets, on adore son petit parfum citronné. Ce muffinski fait voyager.

Donne 12 muffinskis **Four :** 180 °C (350 °F) **Cuisson :** 42 minutes

150 g (½ tasse) de purée de dattes
150 g (½ tasse) de compote de pommes non sucrée
180 ml (¾ de tasse) de lait (ou de boisson d'amande ou de soja)
1 œuf

1 c. à soupe d'extrait de vanille pur
½ c. à thé de bicarbonate de soude
2 c. à thé de poudre à pâte
Le zeste râpé de 1 citron
1 pincée de sel

150 g (1 tasse) de farine au choix (excellent avec la farine sans gluten !)
40 g (¼ de tasse) de graines de chia
150 g (1 tasse) de bleuets frais ou surgelés

Comment faire ?

01 Préchauffer le four à 180 °C (350 °F).
02 Dans un bol, bien mélanger tous les ingrédients de la section **noire**.
03 Ajouter les ingrédients de la section **grise**. Attendre la légère émulsion (pour le plaisir) et bien remuer.
04 Incorporer les ingrédients de la section **rose**.
05 Labriskinnerie ! On pense à mettre des caissettes en papier parchemin ou en silicone dans le moule à muffins. Si on n'en a pas, mettre un léger corps gras, sinon tout va coller.
06 Verser la pâte dans les moules.
07 Cuire au four environ 42 minutes. Oh ! que ça sent le bonheur.

Le **Sontauson**

(son de blé et raisins secs)

Ils sont au son et ils sont bons. Vraiment bons. Ces muffins n'ont rien à envier à ceux du commerce. Rien de rien. Une belle façon de faire la fête à vos matins pressés.

Donne 12 muffinskis **Four :** 180 °C (350 °F) **Cuisson :** 30 minutes

150 g (½ tasse) de purée de dattes
150 g (½ tasse) de compote de pommes non sucrée
250 ml (1 tasse) de lait (ou de boisson d'amande ou de soja)
60 ml (¼ de tasse) de mélasse verte ou de fantaisie
2 œufs

½ c. à thé de bicarbonate de soude
½ c. à soupe de poudre à pâte
1 pincée de sel

150 g (1 tasse) de farine avec ou sans gluten
150 g (1 ½ tasse) de son de blé
65 g (½ tasse) de raisins secs

Comment faire ?

01 Préchauffer le four à 180 °C (350 °F).
02 Dans un bol, bien mélanger tous les ingrédients de la section **noire**.
03 Ajouter les ingrédients de la section **grise**. Attendre la légère émulsion (pour le plaisir) et bien remuer.
04 Incorporer les ingrédients de la section **rose**.
05 Labriskinnerie ! On pense à mettre des caissettes en papier parchemin ou en silicone dans le moule à muffins. Si on n'en a pas, mettre un léger corps gras, sinon tout va coller.
06 Verser la pâte dans les moules.
07 Décorer les muffins avec quelques raisins.
08 Cuire au four environ 30 minutes. Profiter de l'odeur alléchante et laisser refroidir.

Dites « fruit cuit, fruit cru ». Pas facile, hein ?

Êtes-vous capable de lire le titre de ce chapitre du premier coup ? Personnellement, je n'y arrive pas… et je trouve ça très drôle. Dans la vie, on se prend souvent trop au sérieux et on ne s'arrête pas assez pour prendre le temps de rire. C'est pour ça que chez Madame Labriski, les idées pour les noms des recettes sont plus originales que banales. Pour faire jaser… et s'amuser, le temps de faire le plein d'énergie. Ici, les galettes sont remplies de fibres et de fruits. Une petite galette Ananasse coladasse pour la route ?

Recettes fruitées

La **Bomba Rosa**

(framboises, chocolat noir et noix de coco)

Bomba bomba ! Cette recette est l'une des Labriskis-vedettes : une véritable bombe de bonheur et de saveurs fruitées en bouche ! Allez cueillir vos petits fruits et faites cette recette en famille. Succès assuré !

Donne 20 galettes de 30 g (1 oz) **Four :** 180 °C (350 °F) **Cuisson :** 20 minutes

150 g (½ tasse) de purée de dattes
150 g (½ tasse) de yogourt nature
1 œuf

1 c. à soupe d'extrait de vanille pur
½ c. à thé de bicarbonate de soude
½ c. à soupe de poudre à pâte
1 pincée de sel

100 g (1 tasse) de flocons d'avoine à cuisson rapide
150 g (1 tasse) de farine d'avoine ou autre
2 c. à soupe de graines de lin, broyées
50 g (½ tasse) de noix de coco râpée finement non sucrée
150 g (1 tasse) de belles framboises fraîches
100 à 200 g (½ tasse à 1 tasse) de pépites de chocolat noir

Comment faire ?

01 Préchauffer le four à 180 °C (350 °F).
02 Dans un bol, bien mélanger tous les ingrédients de la section **noire**.
03 Ajouter les ingrédients de la section **grise**. Attendre la légère émulsion (pour le plaisir) et bien remuer.
04 Incorporer graduellement les ingrédients de la section **rose**.
05 Couvrir une plaque de papier parchemin ou d'un tapis en silicone, sinon tout va coller.
06 Déposer la pâte à la cuillère pour créer de belles Labriskis.
07 Décorer chacune avec une framboise. Ça fait chic !
08 Cuire au four environ 20 minutes. Préparez-vous, ça va sentir royalement bon.

La **Citronne picotée**

(citron et pavot)

Conseil d'amie de la Madame : pour maximiser le petit côté acidulé de cette recette, utilisez de la farine à pâtisserie. Cette galette toute en fraîcheur met du printemps dans les collations. Une source intense de wowski !

Donne 20 galettes de 30 g (1 oz) **Four :** 180 °C (350 °F) **Cuisson :** 15 minutes

150 g (½ tasse) de purée de dattes
150 g (½ tasse) de compote de pommes non sucrée
2 c. à soupe de jus de citron
1 œuf

1 c. à soupe d'extrait de vanille pur
½ c. à thé de bicarbonate de soude
½ c. à soupe de poudre à pâte
Le zeste râpé de 2 citrons
1 pincée de sel

150 g (1 tasse) de farine blanche à pâtisserie
50 g (½ tasse) de poudre d'amandes
1 c. à soupe de graines de chia ou de pavot

Comment faire ?

01 Préchauffer le four à 180 °C (350 °F).
02 Dans un bol, bien mélanger tous les ingrédients de la section **noire**.
03 Ajouter les ingrédients de la section **grise**. Attendre la légère émulsion (lorsqu'on ajoute le jus de citron) et bien remuer.
04 Incorporer les ingrédients de la section **rose**.
05 Couvrir une plaque de papier parchemin ou d'un tapis en silicone, sinon tout va coller.
06 Déposer la pâte à la cuillère pour créer de belles Labriskis.
07 Décorer avec un petit morceau de citron. (Garder l'écorce, ça fait beau !)
08 Cuire au four environ 15 minutes. Profiter de l'odeur alléchante et laisser refroidir sur une grille avant de vous régaler.

La **Lâlâ**

(beurre d'arachide et bleuets)

Une recette-vedette sur le blogue ! Aussi savoureuse que moelleuse, cette galette est encore meilleure lorsqu'on prononce son nom avec un petit accent du Lac-Saint-Jean « lâ-lâ ». La Madame vient-elle de là ? Même pas.

Donne 15 galettes de 30 g (1 oz) **Four :** 180 °C (350 °F) **Cuisson :** 17 minutes

150 g (½ tasse) de purée de dattes
150 g (½ tasse) de yogourt nature sans gras
150 g (½ tasse) de beurre d'arachide naturel
1 œuf

1 c. à soupe d'extrait de vanille pur
½ c. à thé de bicarbonate de soude
½ c. à soupe de poudre à pâte
1 pincée de sel

150 g (1 tasse) de farine d'épeautre
30 g (¼ de tasse) de graines de lin, broyées
150 g (1 tasse) de bleuets frais

Comment faire ?

01 Préchauffer le four à 180 °C (350 °F).
02 Dans un bol, bien mélanger tous les ingrédients de la section **noire**.
03 Ajouter les ingrédients de la section **grise**. Attendre la légère émulsion (pour le plaisir) et bien remuer.
04 Incorporer les ingrédients de la section **rose**.
05 Couvrir une plaque de papier parchemin ou d'un tapis en silicone, sinon tout va coller.
06 Déposer la pâte à la cuillère pour créer de belles Labriskis.
07 Décorer chacune de quelques bleuets pour faire chic.
08 Cuire au four environ 17 minutes. Profiter de l'odeur alléchante et laisser refroidir sur une grille. Oh ! que c'est bon lâ-lâ.

La **J'aime ta fraise**

(fraises et amandes)

Bon à savoir : lorsque vous cuisinerez cette recette, ça va sentir la tarte aux fraises dans votre maison. Vraiment ? Oh ! que oui ! Cette galette est un pur bonheur d'été.

Donne 16 galettes de 30 g (1 oz) **Four :** 180 °C (350 °F) **Cuisson :** 22 minutes

150 g (½ tasse) de purée de dattes
100 g (⅓ de tasse) de yogourt nature
1 œuf

1 c. à soupe d'extrait d'amande pur
½ c. à thé de bicarbonate de soude
½ c. à soupe de poudre à pâte
1 pincée de sel

35 g (⅓ de tasse) de poudre d'amandes
65 g (⅔ de tasse) d'amandes effilées
150 g (1 tasse) de farine de kamut ou autre
150 g (1 tasse) de fraises fraîches, hachées

Comment faire ?

01 Préchauffer le four à 180 °C (350 °F).
02 Dans un bol, bien mélanger tous les ingrédients de la section **noire**.
03 Ajouter les ingrédients de la section **grise**. Attendre la légère émulsion (pour le plaisir) et bien remuer.
04 Incorporer graduellement les ingrédients de la section **rose**.
05 Couvrir une plaque de papier parchemin ou d'un tapis en silicone, sinon tout va coller.
06 Déposer la pâte à la cuillère pour créer de belles Labriskis.
07 Décorer chacune d'une tranche de fraise non équeutée.
08 Cuire au four environ 22 minutes. Profiter de l'odeur alléchante et laisser refroidir sur une grille avant de vous régaler. Il ne reste plus qu'à récolter les compliments !

La **Pommoelleuse**

(pommes et cannelle)

Une galette mégasanté tendre et moelleuse qui rappelle les chaussons aux pommes de notre enfance. Si elle n'existait pas, il faudrait l'inventer. On la mange sans culpabilité à toute heure de la journée.

Donne 25 galettes de 30 g (1 oz) **Four :** 180 °C (350 °F) **Cuisson :** 20 minutes

Étape 1 : préparer les pommes
4 pommes, pelées et hachées
1 c. à thé d'huile
¼ de c. à thé de muscade moulue
½ c. à thé de cannelle moulue

Étape 2 : faire la pâte
150 g (½ tasse) de purée de dattes
150 g (½ tasse) de compote de pommes non sucrée
1 œuf

2 c. à soupe de jus de pomme
½ c. à thé de bicarbonate de soude
2 c. à soupe de poudre à pâte
1 c. à soupe de cannelle moulue
1 pincée de sel

150 g (1 tasse) de farine d'épeautre ou autre
75 g (½ tasse) de farine d'avoine
30 g (¼ de tasse) de graines de lin, broyées
65 g (½ tasse) de raisins secs (facultatif)

Comment faire ?

01 Préchauffer le gril du four.
02 Faire l'étape 1 en mélangeant tous les ingrédients dans un bol.
03 Étaler la préparation sur une plaque couverte de papier parchemin ou d'un tapis en silicone. Cuire au four 5 minutes.
04 Baisser la température du four à 180 °C (350 °F) et passer à l'étape 2.
05 Dans un bol, bien mélanger tous les ingrédients de la section **noire**.
06 Ajouter les ingrédients de la section **grise**. Attendre la légère émulsion (pour le plaisir) et bien remuer.
07 Incorporer les ingrédients de la section **rose** et les pommes sorties du four.
08 Couvrir une plaque de papier parchemin ou d'un tapis en silicone, sinon tout va coller.
09 Déposer la pâte à la cuillère pour créer de belles Labriskis.
10 Décorer chacune d'un morceau de pomme.
11 Cuire au four environ 20 minutes. Miamski !

L'Ananasse coladasse

(ananas, rhum et noix de coco)

Cette galette est drôlement succulente. Avec un nom aussi amusant, on ne peut faire autrement que d'aimer la cuisiner. Source de joie tropicale et de petit voyage dans le sud à chaque bouchée. *Muchas gracias !*

Donne 20 galettes de 30 g (1 oz) **Four :** 180 °C (350 °F) **Cuisson :** 15 minutes

1 boîte d'ananas de 378 ml
150 g (½ tasse) de purée de dattes
1 œuf

1 c. à soupe de rhum épicé ou d'extrait de rhum artificiel
1 c. à thé de bicarbonate de soude
1 c. à soupe de poudre à pâte
1 pincée de sel

150 g (1 tasse) de farine sans gluten ou autre
40 g (¼ de tasse) de graines de chia
50 g (½ tasse) de filaments de noix de coco non sucrée
40 g (½ tasse) de tranches de noix de coco grillée du commerce

Comment faire ?

01 Préchauffer le four à 180 °C (350 °F).
02 Commencer par faire une purée d'ananas en passant au pied-mélangeur (ziiiiii ! ziiiiii !) le contenu entier de la boîte d'ananas.
03 Dans un bol, bien mélanger tous les ingrédients de la section **noire**.
04 Ajouter les ingrédients de la section **grise**. Attendre la légère émulsion (pour le plaisir) et bien remuer.
05 Incorporer les ingrédients de la section **rose**.
06 Couvrir une plaque de papier parchemin ou d'un tapis en silicone, sinon tout va coller.
07 Déposer la pâte à la cuillère pour créer de belles Labriskis.
08 Cuire au four environ 15 minutes. Profiter de l'odeur alléchante et laisser refroidir sur une grille. *Fiesta !*

La **Framboise-moi**

(framboise et Cristal Léger)

Cette galette juteuse et surprenante est unique. Son secret? Elle est faite avec un sachet de préparation pour boisson de marque Cristal Léger à la framboise glacée. Non, elle n'a pas osé la Madame? Oui, elle a fait ça... et c'est délicieux.

Donne 20 galettes de 30 g (1 oz) **Four:** 180 °C (350 °F) **Cuisson:** 18 minutes

150 g (½ tasse) de purée de dattes
150 g (½ tasse) de compote de pommes ou de petits fruits rouges
1 œuf

1 sachet de 2,4 g de Cristal Léger à la framboise glacée
½ c. à thé de bicarbonate de soude
½ c. à soupe de poudre à pâte
1 pincée de sel

185 g (1 ¼ tasse) de farine sans gluten ou autre
30 g (¼ de tasse) de graines de lin, broyées
125 g (½ tasse) de framboises surgelées

Comment faire?

01 Préchauffer le four à 180 °C (350 °F).
02 Dans un bol, bien mélanger tous les ingrédients de la section **noire**.
03 Ajouter les ingrédients de la section **grise**. Attendre la légère émulsion (pour le plaisir) et bien remuer.
04 Incorporer les ingrédients de la section **rose**.
05 Couvrir une plaque de papier parchemin ou d'un tapis en silicone, sinon tout va coller.
06 Déposer la pâte à la cuillère pour créer de belles Labriskis.
07 Décorer chacune d'une belle grosse framboise surgelée.
08 Cuire au four environ 18 minutes. Profiter de l'odeur alléchante et laisser refroidir sur une grille.

La **Clémente**

(avoine et clémentines)

Divine clémentine ! Mignonne avec ton feuillage, tu es le fruit que je préfère peler. Ton parfum m'enivre et fait de cette galette une collation parfaite.

La **Zeste de Key West**

(lime, amandes et avoine)

Inspirée de la fameuse *Key lime pie,* cette création donne le goût de partir en *road trip* de Miami à Key West. Une gourmandise santé irrésistiblement estivale.

La **Cumulus-citrus**

(bleuets et zeste de citron)

Sans gluten et sans produits laitiers, cette galette est un véritable nuage en bouche. Si j'ai déjà mangé un nuage ? Non... mais je peux imaginer. Une source de fibres et de légèreté fruitée.

Comment faire ?

01 Préchauffer le four à 180 °C (350 °F).
02 Dans un bol, bien mélanger tous les ingrédients de la section **noire**.
03 Ajouter les ingrédients de la section **grise**. Attendre la légère émulsion (pour le plaisir) et bien remuer.
04 Incorporer les ingrédients de la section **rose**.

Donne 16 galettes de 30 g (1 oz) **Four :** 180 °C (350 °F) **Cuisson :** 15 minutes

150 g (½ tasse) de purée de dattes
150 g (½ tasse) de compote de pommes non sucrée
1 œuf

½ c. à thé de bicarbonate de soude
1 c. à thé de poudre à pâte
Le zeste râpé de 3 clémentines
1 pincée de sel

100 g (1 tasse) de flocons d'avoine à cuisson rapide
75 g (½ tasse) de farine d'avoine, de blé ou d'épeautre
2 c. à soupe de graines de lin, broyées
75 g (½ tasse) de dattes dénoyautées, hachées

Donne 20 galettes de 30 g (1 oz) **Four :** 180 °C (350 °F) **Cuisson :** 20 minutes

150 g (½ tasse) de purée de dattes
150 g (½ tasse) de compote de pommes
1 œuf

½ c. à thé de bicarbonate de soude
1 c. à soupe de poudre à pâte
Le zeste râpé de 2 grosses limes
1 ½ c. à soupe de jus de lime
1 pincée de sel

100 g (1 tasse) de poudre d'amandes
100 g (1 tasse) de flocons d'avoine à cuisson rapide
40 g (½ tasse) de graines de chia
100 g (½ tasse) de pépites de chocolat blanc (facultatif)

Donne 15 galettes de 30 g (1 oz) **Four :** 180 °C (350 °F) **Cuisson :** 15 minutes

150 g (½ tasse) de purée de dattes
150 g (½ tasse) de compote de pommes non sucrée
1 œuf

½ c. à thé de bicarbonate de soude
½ c. à soupe de poudre à pâte
1 c. à soupe d'extrait de vanille pur
Le zeste râpé de 1 citron
1 pincée de sel

115 g (¾ de tasse) de farine sans gluten
30 g (¼ de tasse) de farine de noix de coco
2 c. à soupe de graines de lin, broyées
150 g (1 tasse) de bleuets surgelés

05 Couvrir une plaque de papier parchemin ou d'un tapis en silicone, sinon tout va coller.
06 Déposer la pâte à la cuillère pour créer de belles Labriskis.
07 Cuire au four le temps indiqué. Laisser refroidir sur une grille avant de vous régaler.

asics
Baby Jogger

La **Fraisichouette**

(avoine et fraises)

Oh ! qu'elle est belle. Oh ! qu'elle est bonne. Cette galette sans noix ni produits laitiers fait honneur à la saison des fraises fraîches. La seule raison de ne pas la cuisiner, c'est d'être allergique à ces petits fruits rouges. Une recette à faire encore et encore.

Donne 28 galettes de 30 g (1 oz) **Four :** 180 °C (350 °F) **Cuisson :** 15 minutes

150 g (½ tasse) de purée de dattes
150 g (½ tasse) de compote de pommes non sucrée du commerce
60 ml (¼ de tasse) d'eau froide
1 œuf

1 c. à soupe d'extrait de vanille pur
½ c. à thé de bicarbonate de soude
½ c. à soupe de poudre à pâte
1 pincée de sel

150 g (1 tasse) de farine d'avoine
70 g (¾ de tasse) de flocons d'avoine à cuisson rapide
2 c. à soupe de graines de lin, broyées
16 fraises, en tranches (environ 150 g/1 tasse)
100 g (½ tasse) de pépites de chocolat (facultatif)

Comment faire ?

01 Préchauffer le four à 180 °C (350 °F).
02 Dans un bol, bien mélanger tous les ingrédients de la section **noire**.
03 Ajouter les ingrédients de la section **grise**. Attendre la légère émulsion (pour le plaisir) et bien remuer.
04 Incorporer graduellement les ingrédients de la section **rose**.
05 Couvrir une plaque de papier parchemin ou d'un tapis en silicone, sinon tout va coller.
06 Déposer la pâte à la cuillère pour créer de belles Labriskis.
07 Décorer chacune d'une belle tranche de fraise. C'est chouette.
08 Cuire au four environ 15 minutes. Profiter de l'odeur alléchante et laisser refroidir sur une grille. Menoume, menoume !

Le **Crazy Clémentine**

(clémentines, amandes et farine de maïs)

Vous recevez pour le brunch ? Cette création sans gluten ni produits laitiers obtiendra un succès fou. Une source de fibres et d'énergie vitaminée et d'amouuuur !

Donne 12 muffinskis **Four :** 180 °C (350 °F) **Cuisson :** 40 minutes

150 g (½ tasse) de purée de dattes
150 g (½ tasse) de compote de pommes non sucrée
250 ml (1 tasse) de lait (ou de boisson d'amande ou de soja)
1 œuf

1 c. à soupe d'extrait d'amande
½ c. à thé de bicarbonate de soude
1 c. à soupe de poudre à pâte
Le zeste râpé de 3 clémentines
1 pincée de sel

150 g (1 tasse) de farine de maïs
30 g (¼ de tasse) de graines de chanvre crues ou de chia
50 g (½ tasse) d'amandes effilées
Les 3 clémentines zestées, en morceaux

Comment faire ?

01 Préchauffer le four à 180 °C (350 °F).
02 Dans un bol, bien mélanger tous les ingrédients de la section **noire**.
03 Ajouter les ingrédients de la section **grise**. Attendre la légère émulsion (pour le plaisir) et bien remuer.
04 Incorporer les ingrédients de la section **rose**.
05 Labriskinnerie ! On pense à mettre des caissettes en papier parchemin ou en silicone dans le moule à muffins. Si on n'en a pas, mettre un léger corps gras, sinon tout va coller.
06 Verser la pâte dans les moules.
07 Décorer avec du zeste de clémentine et quelques amandes effilées.
08 Cuire au four environ 40 minutes.

Cuisinées pour veiller tard

Elles sont bonnes. Vraiment bonnes. Elles vous permettent de tenir longtemps. Vraiment longtemps. Elles sont l'incarnation de la collation idéale. On peut les emporter en randonnée ou au boulot, et aussi les offrir en cadeau (quelle belle idée !). Mais attention : vous risquez de faire des jaloux autour de vous ou d'avoir soudainement plusieurs nouveaux amis. Les Cuisinées pour veiller tard sont savoureusement nourrissantes. On peut dire que la barre est haute ! Vos moments de fringale santé n'auront jamais été remplis d'autant de bienfaits.

Recettes pour tenir longtemps, longtemps, longtemps

La
Énergie de fer

La
Granole de luxe

La
Titoiseau

La
Pas de chichi

La
Grosse Cochonne

La **Pacapane de résister**

La **Énergie de fer**

(mélasse et beurre d'arachide)

Bang! Cette galette est incroyablement bonne, mais elle est encore plus savoureuse le lendemain de sa préparation. Mélasse et beurre d'arachide, il fallait simplement y penser! Trucski: pour tripler l'apport en fer, cuisinez-la avec de la mélasse verte biologique.

La **Granole de luxe**

(farine de quinoa et beurre d'amande)

J'adore la farine de quinoa. Riche en protéines, elle est aussi une excellente source de fer, zinc, magnésium, potassium, etc. Mélangée au beurre d'amande, c'est une véritable petite merveille de luxe sans gluten.

La **Titoiseau**

(multigrains)

Parions que des petits poussins vont se pointer le bout du nez dans votre cuisine. Quand on a une faim d'ogre, rien de tel que de dévorer la galette Titoiseau. Remplie de graines et d'autres bonnes choses, elle donne le goût de prendre soin de soi. Offrez-vous cette source de bonheur.

Comment faire?

01 Préchauffer le four à 180 °C (350 °F).
02 Dans un bol, bien mélanger tous les ingrédients de la section **noire**.
03 Ajouter les ingrédients de la section **grise**. Attendre la légère émulsion (pour le plaisir) et bien remuer.

Donne 35 galettes de 30 g (1 oz) Four 180 °C (350 °F) **Cuisson :** 15 minutes

150 g (½ tasse) de purée de dattes
150 g (½ tasse) de compote de pommes non sucrée
150 g (½ tasse) de beurre d'arachide naturel
125 ml (½ tasse) de mélasse verte *(blackstrap)* ou de fantaisie
1 œuf

1 c. à thé d'extrait de vanille pur
¼ de c. à thé de bicarbonate de soude
2 c. à thé de poudre à pâte

150 g (1 tasse) de farine de blé entier
100 g (1 tasse) de flocons d'avoine à cuisson rapide
75 g (½ tasse) d'arachides non salées, hachées ou broyées
30 g (¼ de tasse) de graines de lin, broyées

Donne 22 galettes de 30 g (1 oz) **Four :** 180 °C (350 °F) **Cuisson :** 15 minutes

150 g (½ tasse) de purée de dattes
150 g (½ tasse) de compote de pommes non sucrée
150 g (½ tasse) de beurre d'amande naturel
1 œuf

½ c. à thé de bicarbonate de soude
2 c. à thé de poudre à pâte
1 pincée de sel

130 g (1 tasse) de farine de quinoa
25 g (¼ de tasse) d'amandes effilées
50 g (¼ de tasse) de pépites de chocolat

Donne 16 galettes de 30 g (1 oz) **Four :** 180 °C (350 °F) **Cuisson :** 15 minutes

150 g (½ tasse) de purée de dattes
150 g (½ tasse) de yogourt nature
1 œuf

¼ de c. à thé de bicarbonate de soude
1 c. à thé de poudre à pâte
1 pincée de sel

35 g (⅓ de tasse) de son de blé
25 g (¼ de tasse) de germe de blé
30 g (¼ de tasse) de graines de lin, broyées
40 g (¼ de tasse) de farine de blé entier
60 g (½ tasse) de graines de sésame
40 g (¼ de tasse) de graines de chia
30 g (¼ de tasse) de graines de tournesol
65 g (½ tasse) de raisins secs de Corinthe

04 Incorporer graduellement les ingrédients de la section **rose** et bien mélanger.
05 Couvrir une plaque de papier parchemin ou d'un tapis en silicone, sinon tout va coller.
06 Déposer la pâte à la cuillère pour créer de belles Labriskis.
07 Cuire au four environ 15 minutes. Laisser refroidir avant de dévorer.

La **Pas de chichi**

(farine de pois chiche et beurre d'arachide)

Sans gluten, la farine de pois chiche transforme les galettes au beurre d'arachide en véritable délice gourmand. Faites honneur à cette légumineuse remplie de fibres et de bienfaits. Galettez avec la farine de pois chiche et fini les chichis.

La **Grosse Cochonne**

(arachides, amandes et chocolat)

Cette recette sans farine, sans gluten et sans produits laitiers est bourrée de bonheur. Attention : elle est tellement bonne qu'elle peut créer une joyeuse dépendance.

Saurez-vous résister à la tentation d'en manger une, et une autre, puis une autre ?

La **Pacapane de résister**

(chapelure de biscuits Graham, avoine, pacanes)

Là, on parle. Si vous aimez les pacanes, vous ne serez « pacapane » de résister à cette galette. Une source de fibres, d'énergie et de joie intense en bouche.

Comment faire ?

01 Préchauffer le four à 180 °C (350 °F).
02 Dans un bol, bien mélanger tous les ingrédients de la section **noire**.
03 Ajouter les ingrédients de la section **grise**. Attendre la légère émulsion (pour le plaisir) et bien remuer.
04 Incorporer graduellement les ingrédients de la section **rose** et bien mélanger.

Donne 25 galettes de 30 g (1 oz) **Four :** 180 °C (350 °F) **Cuisson :** 15 minutes

150 g (½ tasse) de purée de dattes
150 g (½ tasse) de compote de pommes
150 g (½ tasse) de beurre d'arachide naturel
60 ml (¼ de tasse) d'eau froide
1 œuf

¼ de c. à thé de bicarbonate de soude
1 c. à soupe de poudre à pâte
1 pincée de sel

100 g (1 tasse) de farine de pois chiche
150 g (1 tasse) d'arachides, hachées ou en morceaux

Donne 28 galettes de 30 g (1 oz) **Four :** 180 °C (350 °F) **Cuisson :** 15 minutes

150 g (½ tasse) de purée de dattes
150 g (½ tasse) de compote de pommes non sucrée
150 g (½ tasse) de beurre d'arachide naturel
1 œuf

½ c. à soupe de poudre à pâte
1 pincée de sel

50 g (½ tasse) de poudre de cacao
75 g (¾ de tasse) de poudre d'amandes
40 g (¼ de tasse) de graines de chia
75 g (½ tasse) d'arachides, hachées
100 g (½ tasse) de pépites de chocolat noir 75 %

Donne 22 galettes de 30 g (1 oz) **Four :** 180 °C (350 °F) **Cuisson :** 15 minutes

150 g (½ tasse) de purée de dattes
150 g (½ tasse) de compote de pommes non sucrée
1 œuf

¼ de c. à thé de bicarbonate de soude
1 c. à soupe de poudre à pâte
1 pincée de sel

150 g (1 tasse) de farine d'avoine
90 g (1 tasse) de chapelure de biscuits Graham
60 g (½ tasse) de pacanes, en gros morceaux

05 Couvrir une plaque de papier parchemin ou d'un tapis en silicone, sinon tout va coller.
06 Déposer la pâte à la cuillère pour créer de belles Labriskis.
07 Cuire au four environ 15 minutes. Profiter de l'odeur alléchante et laisser refroidir sur une grille avant de vous régaler.

La **Archi-à-mon-goût**

(graines et arachides)

Son nom le dit, cette barre est Archi-à-mon-goût : une vraie barre 100 % santé. Dites adieu aux barres tendres du commerce et faites-vous plaisir avec cette solution ultrafacile à faire. (Vous pouvez aussi en donner à vos meilleurs amis...)

Donne 10 barres de 45 g (1 ½ oz) **Four :** 180 °C (350 °F) **Cuisson :** 15 minutes

150 g (½ tasse) de purée de dattes
150 g (½ tasse) de beurre d'arachide naturel
1 œuf

75 g (¾ de tasse) de flocons d'avoine à cuisson rapide
40 g (¼ de tasse) de graines de sésame
40 g (¼ de tasse) de graines de chia
120 g (1 tasse) de graines de tournesol
75 g (½ tasse) d'arachides, en morceaux
50 g (¼ de tasse) de caroube ou de pépites de chocolat
55 g (¼ de tasse) de pépites de beurre d'arachide Reese's (facultatif)

Comment faire ?

01 Préchauffer le four à 180 °C (350 °F).
02 Dans un bol, bien mélanger tous les ingrédients de la section **noire**.
03 Incorporer graduellement les ingrédients de la section **grise** et bien mélanger.
04 Couvrir une plaque de papier parchemin ou d'un tapis en silicone, sinon tout va coller.
05 Étendre la pâte sur la plaque à l'aide d'une cuillère.
06 Labriskinnerie ! Pour avoir de belles barres qui se tiennent, il ne faut pas avoir peur de bien compresser la pâte.
07 Cuire au four environ 15 minutes. OMG ! que ça sent bon.
08 Attendre un peu avant de couper en barres ou en toute autre forme amusante.

La **Croustillante énergique**

(flocons de maïs et beurre d'arachide)

Qui n'aime pas le croustillant ? Tant qu'à faire des barres, mettons la barre haute. Plein de gens m'écrivent pour me dire qu'ils apportent cette recette en randonnée. Source de fibres et d'un petit goût de revenez-y !

Donne 8 barres de 50 g (1 ¾ oz) **Four :** 180 °C (350 °F) **Cuisson :** 15 minutes

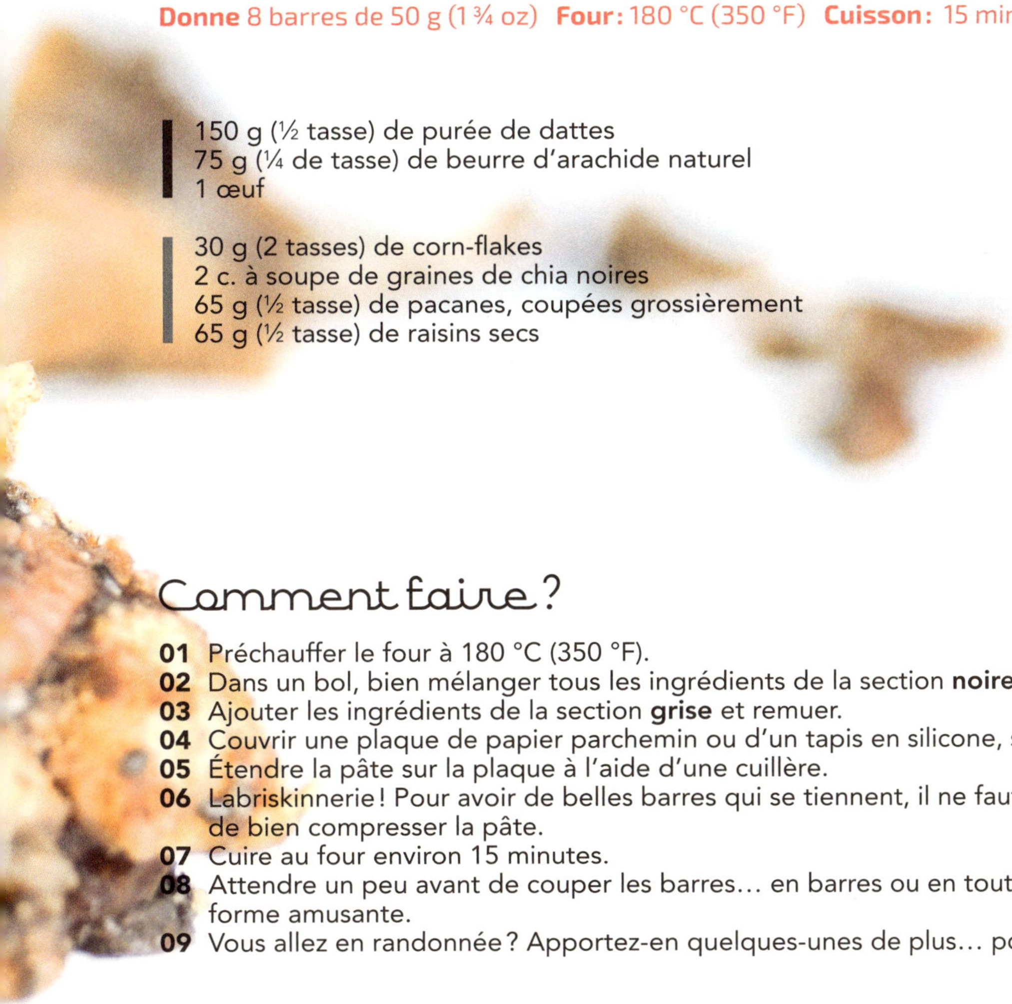

- 150 g (½ tasse) de purée de dattes
- 75 g (¼ de tasse) de beurre d'arachide naturel
- 1 œuf

- 30 g (2 tasses) de corn-flakes
- 2 c. à soupe de graines de chia noires
- 65 g (½ tasse) de pacanes, coupées grossièrement
- 65 g (½ tasse) de raisins secs

Comment faire ?

01 Préchauffer le four à 180 °C (350 °F).
02 Dans un bol, bien mélanger tous les ingrédients de la section **noire**.
03 Ajouter les ingrédients de la section **grise** et remuer.
04 Couvrir une plaque de papier parchemin ou d'un tapis en silicone, sinon tout va coller.
05 Étendre la pâte sur la plaque à l'aide d'une cuillère.
06 Labriskinnerie ! Pour avoir de belles barres qui se tiennent, il ne faut pas avoir peur de bien compresser la pâte.
07 Cuire au four environ 15 minutes.
08 Attendre un peu avant de couper les barres… en barres ou en toute autre forme amusante.
09 Vous allez en randonnée ? Apportez-en quelques-unes de plus… pour vos amis.

La **Rizgotante**

(riz soufflé et beurre d'amande)

Fou ! Cette recette est un véritable délire culinaire. Aussi ravigotante que facile et rapide à faire, elle nous donne une alternative santé pour passer nos céréales de riz soufflé. Source de fibres et d'énergie de poche.

Donne 8 barres de 50 g (1 ¾ oz) **Four :** 180 °C (350 °F) **Cuisson :** 15 minutes

150 g (½ tasse) de purée de dattes
75 g (¼ de tasse) de beurre d'amande naturel
1 c. à soupe d'extrait d'amande pur
1 œuf

40 g (2 tasses) de riz soufflé ou 100 g (3 ⅓ tasses) de céréales de style Rice Krispies
2 c. à soupe de graines de chia
25 g (¼ de tasse) de poudre d'amandes
75 g (¾ de tasse) d'amandes effilées

Comment faire ?

01 Préchauffer le four à 180 °C (350 °F).
02 Dans un bol, bien mélanger tous les ingrédients de la section **noire**.
03 Ajouter les ingrédients de la section **grise** et bien remuer.
04 Couvrir une plaque de papier parchemin ou d'un tapis en silicone, sinon tout va coller.
05 Étendre la pâte sur la plaque à l'aide d'une cuillère.
06 Labriskinnerie ! Pour avoir de belles barres qui se tiennent, il ne faut pas avoir peur de bien compresser la pâte.
07 Cuire au four environ 15 minutes. Une magnifique odeur va envahir la cuisine.
08 Attendre un peu avant de couper en barres ou en toute autre forme amusante.

Le **Ça bouche un coin**

(pruneaux et noix de Grenoble)

Ce cake me rend flagada de bonheur. Avec ses gros morceaux de pruneaux et ses noix de Grenoble entières, il fait de chaque petite tranche une copieuse collation gourmande qui en bouche un coin.

Donne 1 cake de 30 cm x 13 cm (12 po x 5 po) **Four :** 180 °C (350 °F) **Cuisson :** 50 minutes

150 g (½ tasse) de purée de dattes
150 g (½ tasse) de compote de pommes non sucrée
250 ml (1 tasse) d'eau froide
1 œuf

1 c. à soupe d'extrait de vanille pur
½ c. à thé de bicarbonate de soude
½ c. à soupe de poudre à pâte
1 pincée de sel

225 g (1 ½ tasse) de farine de blé
50 g (½ tasse) de flocons d'avoine à cuisson rapide
40 g (¼ de tasse) de graines de chia
200 g (1 tasse) de petits pruneaux, dénoyautés
120 g (1 tasse) de noix de Grenoble (hacher la moitié)

Comment faire ?

01 Préchauffer le four à 180 °C (350 °F).
02 Dans un bol, bien mélanger tous les ingrédients de la section **noire**.
03 Ajouter les ingrédients de la section **grise**. Attendre la légère émulsion (pour le plaisir) et bien remuer.
04 Incorporer les ingrédients de la section **rose**.
05 Labriskinnerie ! On prend un moule à cake et on pense à mettre un léger corps gras, sinon tout va coller.
06 Déposer la succulente pâte dans le moule.
07 S'amuser à décorer le cake avec des noix de Grenoble et des pruneaux.
08 Cuire au four environ 50 minutes. Laisser refroidir avant de démouler.
09 Prendre le temps d'apprécier le doux parfum réconfortant de votre création.

Le **Suis-je en bikini ?**

(amandes, abricots, graines de tournesol)

Ce cake sans gluten est un véritable festival ensoleillé qui a le tour de faire sourire. Tu manges quoi ? Une tranche de Suis-je en bikini ? N'est-ce pas amusant ?

Donne 1 cake de 30 cm x 13 cm (12 po x 5 po) **Four :** 180 °C (350 °F) **Cuisson :** 40 minutes

150 g (½ tasse) de purée de dattes
150 g (½ tasse) de concentré de jus d'orange surgelé
1 œuf

1 c. à soupe d'extrait d'amande pur
½ c. à thé de bicarbonate de soude
½ c. à soupe de poudre à pâte
1 pincée de sel

165 g (1 ¼ tasse) de farine de quinoa
50 g (½ tasse) de poudre d'amandes
40 g (¼ de tasse) de graines de chia
60 g (½ tasse) de graines de tournesol
200 g (1 tasse) de tranches d'abricots séchés
50 g (½ tasse) d'amandes effilées

Comment faire ?

01 Préchauffer le four à 180 °C (350 °F).
02 Dans un bol, bien mélanger tous les ingrédients de la section **noire**.
03 Ajouter les ingrédients de la section **grise**. Attendre la légère émulsion (pour le plaisir) et bien remuer.
04 Incorporer graduellement les ingrédients de la section **rose**.
05 Labriskinnerie ! On prend un moule à cake et on pense à mettre un léger corps gras, sinon tout va coller.
06 Déposer la succulente pâte dans le moule.
07 Décorer le cake avec quelques tranches d'abricots séchés.
08 Cuire au four environ 40 minutes. Laisser refroidir avant de démouler et de couper en tranches.
09 Prendre le temps d'apprécier le doux parfum réconfortant de votre création. Les tranches de ce cake sont magnifiques, n'est-ce pas ?

Tiens, j'ai le goût de courir un marathon !

Vous avez besoin d'une dose de bonne d'énergie rapidement? Voici des recettes gourmandes et énergisantes. Sans noix, elles sont faciles à digérer et facilitent la performance sportive ou professionnelle. J'aime les manger avant d'aller m'entraîner, le matin, le midi, le soir ou encore pour donner un second souffle à ma journée. La Gonflée à bloc énergise mes muscles à fond et la Mme Avoinette est un classique à l'avoine qui, je l'espère, deviendra la vedette de votre boîte à lunch. À vos marques, galettez!

Recettes énergisantes et de préentraînement

Créée en mémoire
des événements
du marathon
de Boston 2013.

La **Marathonienne**

(dattes en « pogo »)

Cette galette me fait rire : une datte… en pogo. Le mélange parfait des glucides lents (la farine) et des glucides rapides (la datte). Inspirée des populaires biscuits aux figues du commerce, cette recette est une solution gagnante.

Donne 20 dattes-pogos **Four :** 180 °C (350 °F) **Cuisson :** 15 minutes

150 g (½ tasse) de purée de dattes
150 g (½ tasse) de yogourt nature
1 œuf

1 c. à soupe d'extrait de vanille pur
½ c. à thé de bicarbonate de soude
½ c. à soupe de poudre à pâte
1 c. à thé de gingembre moulu
1 pincée de sel

225 g (1 ½ tasse) de farine d'avoine
20 dattes séchées entières (ou plus), dénoyautées

Comment faire ?

01 Préchauffer le four à 180 °C (350 °F).
02 Dans un bol, bien mélanger tous les ingrédients de la section **noire**.
03 Ajouter les ingrédients de la section **grise**. Attendre la légère émulsion (pour le plaisir) et bien remuer.
04 Incorporer la farine et bien mélanger.
05 Couvrir une plaque de papier parchemin ou d'un tapis en silicone, sinon tout va coller.
06 À l'aide de deux cuillères à thé, tremper une datte dans la pâte. Si on veut que la datte soit au centre, éviter de mettre trop de pâte autour. On en met juste assez pour la recouvrir : … comme un pogo.
07 Mettre la datte-pogo sur la plaque et faire de même avec les autres dattes.
08 Cuire au four environ 15 minutes. Laisser refroidir sur une grille avant de les engloutir. Bon entraînement !

La **Gonflée à bloc**

(pleine de fruits séchés pour performer)

Cette galette santé hyperénergisante est une bombe de glucides rapides. Venue au monde lors de ma préparation pour le marathon de Philadelphie, elle fait maintenant partie des Labriskis-vedettes. Régalez-vous et profitez de votre puissance maximale !

Donne 12 à 15 galettes de 30 g (1 oz) **Four :** 180 °C (350 °F) **Cuisson :** 15 minutes

150 g (½ tasse) de purée de dattes
150 g (½ tasse) de compote de pommes non sucrée
1 œuf

1 c. à soupe d'extrait de vanille pur
½ c. à thé de bicarbonate de soude
½ c. à soupe de poudre à pâte
Le zeste râpé de 1 orange
1 pincée de sel

150 g (1 tasse) de farine blanche à pâtisserie
160 g (1 tasse) de gros morceaux de mangue séchée
80 g (½ tasse) de cerises séchées
160 g (1 tasse) de gros morceaux de pomme séchée

Comment faire ?

01 Préchauffer le four à 180 °C (350 °F).
02 Dans un bol, bien mélanger tous les ingrédients de la section **noire**.
03 Ajouter les ingrédients de la section **grise**. Attendre la légère émulsion (pour le plaisir) et bien remuer.
04 Incorporer les ingrédients de la section **rose**.
05 Couvrir une plaque de papier parchemin ou d'un tapis en silicone, sinon tout va coller.
06 Déposer la pâte à la cuillère pour créer de belles Labriskis.
07 Décorer chacune avec un morceau de fruit séché.
08 Cuire au four environ 15 minutes. *Mamamia* que ça va sentir bon !

Trucski!
Variez la recette avec vos fruits séchés préférés!

La mélasse verte contient trois fois plus de fer que la mélasse de fantaisie !

La **Mognon d'ourson**

(mélasse de style patte d'ours)

Cette galette est idéale pour les écoliers. Son nom est amusant et les enfants l'adorent. Vous ferez un effet monstre avec ces mignons mognons ! Pourquoi s'en priver ? Source de fibres, de glucides d'absorption rapide et de fer.

Donne 15 galettes de 60 g (2 oz) **Four :** 180 °C (350 °F) **Cuisson :** 15 minutes

225 g (¾ de tasse) de purée de dattes
150 g (½ tasse) de yogourt nature
180 ml (¾ de tasse) de mélasse verte (*blackstrap*) ou de fantaisie
1 œuf

1 c. à soupe d'extrait de vanille pur
¼ de c. à thé de bicarbonate de soude
2 c. à thé de poudre à pâte
1 pincée de sel

375 g (2 ½ tasses) de farine de blé ou d'épeautre entier
60 g (½ tasse) de graines de lin, broyées

Comment faire ?

01 Préchauffer le four à 180 °C (350 °F).
02 Dans un bol, bien mélanger tous les ingrédients de la section **noire**.
03 Ajouter les ingrédients de la section **grise**. Attendre la légère émulsion (pour le plaisir) et bien remuer.
04 Incorporer graduellement les ingrédients de la section **rose**.
05 Couvrir une plaque de papier parchemin ou d'un tapis en silicone, sinon tout va coller.
06 Déposer la pâte à la cuillère pour créer de mignons mognons.
07 Cuire au four environ 15 minutes. Laisser refroidir sur une grille avant de dévorer.

La **Mme Avoinette**

(classique à l'avoine)

Mettez cette source de fibres et de glucides dans les boîtes à lunch de vos petits sportifs. Ces galettes sont sans sucre et sans gras ajoutés, sans produits laitiers, sans arachides et sans noix. Un pur délice : 100 % bonne énergieski.

Donne 8 à 10 galettes de 60 g (2 oz) **Four :** 180 °C (350 °F) **Cuisson :** 15 minutes

150 g (½ tasse) de purée de dattes
150 g (½ tasse) de compote de pommes non sucrée
1 œuf

1 c. à soupe d'extrait de vanille pur
½ c. à thé de bicarbonate de soude
½ c. à soupe de poudre à pâte
½ c. à soupe de cannelle moulue
1 pincée de sel

150 g (1 tasse) de farine d'avoine
70 g (¾ de tasse) de flocons d'avoine à cuisson rapide
2 c. à soupe de graines de lin ou de chia, broyées
65 g (½ tasse) de raisins secs ou de canneberges séchées

Comment faire ?

01 Préchauffer le four à 180 °C (350 °F).
02 Mettre tous les ingrédients de la section **noire** dans un bol et bien mélanger.
03 Ajouter les ingrédients de la section **grise**. Attendre la légère émulsion (pour le plaisir) et bien remuer.
04 Incorporer les ingrédients de la section **rose**.
05 Couvrir une plaque de papier parchemin ou d'un tapis en silicone, sinon tout va coller.
06 Déposer la pâte à la cuillère pour créer de belles Labriskis.
07 Décorer chacune avec quelques petits fruits séchés.
08 Cuire au four environ 15 minutes. Ça va sentir le bonheur… faites des heureux.

La **Juteuse**

(festival des fruits séchés)

Dans le jus ? Vous allez adorer cette barre remplie de fruits séchés et super rapide à préparer. Source de collation idéale pour les boîtes à lunch des enfants, des parents et des sportifs en quête d'une collation énergisante.

Donne 12 barres de 45 à 50 g (1 ½ à 1 ¾ oz) **Four :** 180 °C (350 °F) **Cuisson :** 20 minutes

150 g (½ tasse) de purée de dattes
1 œuf
½ c. à thé de gingembre moulu
65 g (½ tasse) de raisins secs
65 g (½ tasse) de raisins secs dorés
65 g (½ tasse) de canneberges ou de cerises séchées
50 g (½ tasse) de gros flocons d'avoine
35 g (¼ de tasse) de farine avec ou sans gluten
40 g (¼ de tasse) de graines de chia noires

Comment faire ?

01 Préchauffer le four à 180 °C (350 °F).
02 Dans un bol, bien mélanger tous les ingrédients.
03 Couvrir une plaque de papier parchemin ou d'un tapis en silicone, sinon tout va coller.
04 Étendre la pâte sur la plaque à l'aide d'une cuillère.
05 Labriskinnerie ! Pour avoir de belles barres qui se tiennent, il ne faut pas avoir peur de bien compresser la pâte.
06 Cuire au four environ 20 minutes. OMG ! comme ça sent bon !
07 Attendre un peu avant de couper en barres. Bon régal fruité !

Le **Dattawow**

(dattes et pacanes)

Un muffinski super santé, énergisant et hyper-méga-bon en même temps, est-ce possible ? Lorsque le Dattawow débarque dans notre vie, notre cœur chavire et on n'a qu'un mot en bouche : wow !

Donne 12 muffinskis **Four :** 180 °C (350 °F) **Cuisson :** 42 minutes

150 g (½ tasse) de purée de dattes
150 g (½ tasse) de compote de pommes non sucrée
310 ml (1 ¼ tasse) de lait (ou de boisson d'amande ou de soja)
2 œufs

1 c. à soupe d'extrait de vanille pur
¼ de c. à thé de bicarbonate de soude
1 c. à soupe de poudre à pâte
½ c. à soupe de cannelle moulue
1 pincée de sel

150 g (1 tasse) de farine à pâtisserie
40 g (¼ de tasse) de graines de chia
100 g (¾ de tasse) de dattes dénoyautées, en morceaux
60 g (½ tasse) de pacanes, en morceaux

Comment faire ?

01 Préchauffer le four à 180 °C (350 °F).
02 Dans un bol, bien mélanger tous les ingrédients de la section **noire**.
03 Ajouter les ingrédients de la section **grise**. Attendre la légère émulsion (pour le plaisir) et bien remuer.
04 Incorporer les ingrédients de la section **rose**.
05 Labriskinnerie ! On pense à mettre des caissettes en papier parchemin ou en silicone dans le moule à muffins. Si on n'en a pas, mettre un léger corps gras, sinon tout va coller.
06 Verser la pâte dans les moules.
07 Décorer chaque muffinski d'une pacane entière.
08 Cuire au four environ 42 minutes. Oh ! que ça sent bon le bonheur. Ces muffinskis sont meilleurs une fois refroidis.

Le **Figuamort**

(figues, pruneaux, cardamome)

Amateurs de figues séchées, vous êtes ici au paradis. Avec le Figuamort, il y a tellement de gros morceaux de figues qu'on dirait une figue au muffin. Sans gluten et sans produits laitiers, on l'aime à mourir. Ha! Ha! Ha!

Donne 12 muffinskis **Four:** 180 °C (350 °F) **Cuisson:** 40 minutes

150 g (½ tasse) de purée de dattes
150 g (½ tasse) de compote de pommes non sucrée
310 ml (1 ¼ tasse) de lait (ou de boisson d'amande ou de soja)
2 œufs

½ c. à thé de bicarbonate de soude
1 c. à soupe de poudre à pâte
2 c. à thé de cardamome moulue
1 pincée de sel

150 g (1 tasse) de farine de maïs
40 g (¼ de tasse) de graines de chia
130 g (1 tasse) de figues séchées, en morceaux
100 g (½ tasse) de pruneaux, en morceaux

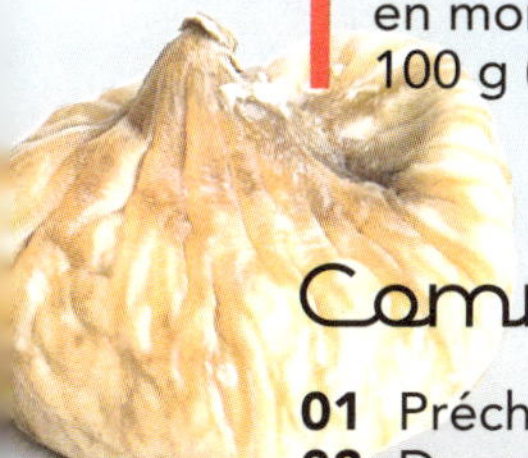

Comment faire?

01 Préchauffer le four à 180 °C (350 °F).
02 Dans un bol, bien mélanger tous les ingrédients de la section **noire**.
03 Ajouter les ingrédients de la section **grise**. Attendre la légère émulsion (pour le plaisir) et bien remuer.
04 Incorporer graduellement les ingrédients de la section **rose**.
05 Labriskinnerie! On pense à mettre des caissettes en papier parchemin ou en silicone dans le moule à muffins. Si on n'en a pas, mettre un léger corps gras, sinon tout va coller.
06 Verser la pâte dans les moules.
07 Décorer les muffinskis avec de gros morceaux de figues ou de pruneaux.
08 Cuire au four environ 40 minutes. Ne vous laissez pas mourir de faim… mais attendez qu'ils soient refroidis avant de les manger.

La **Poignée de fruits séchés**

(dattes, raisins secs, abricots séchés…)

Surpriseski !

Ceci n'est pas une recette.

C'est ce que la Madame fait quand elle est en pénurie de galettes à la maison.

Il ne vous reste plus de Labriskis et vous cherchez quoi manger avant d'aller vous entraîner ?

Ne boudez pas votre sac de dattes. Osez en mettre dans vos poches et partez vous faire du bien. Vous n'aimez pas leur goût ? (Je l'ai déjà dit, la purée de dattes a un goût très neutre et les recettes ne goûtent pas les dattes, sauf si on met ce fruit en valeur.) Ne vous prenez pas la tête, optez pour les fruits séchés de votre choix.

Personnellement, j'adore mordre dans de gros morceaux de mangue séchée. Je dois aussi avouer que je dévore des sacs de raisins secs complets… comme une championne. C'est sucré, je le sais. Mais il en faut de l'énergie pour se dépasser dans la vie.

Bougez, mangez bien, galettez, bougez encore et croyez en vous.

JE
CARBURE
AUX
LABRISKI.
Madame
Labriski

Ouf! Mes muscles ont faim.

Vous venez de vous entraîner? Bravo! Vous avez maintenant 30 minutes pour nourrir vos muscles et les aider à maximiser leur récupération après l'effort. Sportif comme défi? Pas avec les recettes de récupération sportive de Madame Labriski. Au menu: glucides et protéines. (Oui, oui, comme dans «verre de lait au chocolat».) Ces recettes sont des solutions maison remplies de protéines pour nourrir vos muscles et... vos ambitions sportives.

Go, go, goski!

Recettes de récupération sportive

La **Salut Bonhomme**

(protéines et noix de coco)

Cette recette fait partie du top 10 des Labriskis. Source de protéines et de joie, cette galette de récupération sportive est venue au monde pour saluer les efforts des athlètes qui participent aux festivités du Carnaval de Québec. Un pur délice à déguster après vos entraînements ou dès que la faim vous fait signe.

Donne 24 galettes de 30 g (1 oz) **Four :** 180 °C (350 °F) **Cuisson :** 12 minutes

150 g (½ tasse) de purée de dattes
100 g (⅓ de tasse) de yogourt nature
1 œuf

1 à 2 c. à thé d'extrait d'amande pure
½ c. à thé de bicarbonate de soude
1 c. à thé de poudre à pâte
1 pincée de sel

100 g (1 tasse) de gros flocons d'avoine
50 g (½ tasse) de lait écrémé en poudre
50 g (½ tasse) de poudre d'amandes
200 g (2 tasses) de noix de coco non sucrée râpée
100 g (½ tasse) de pépites de chocolat noir 75 % (facultatif)

Comment faire ?

01 Préchauffer le four à 180 °C (350 °F).
02 Dans un bol, bien mélanger tous les ingrédients de la section **noire**.
03 Ajouter les ingrédients de la section **grise**. Attendre la légère émulsion (pour le plaisir) et bien remuer.
04 Incorporer les ingrédients de la section **rose**.
05 Couvrir une plaque de papier parchemin ou d'un tapis en silicone, sinon tout va coller.
06 Déposer la pâte à la cuillère pour créer de belles Labriskis
07 Cuire au four environ 12 minutes. Menoume que ça sent bon !

La **ChocoGo**

(protéines et chocolat)

Cette galette est une grande championne. Elle remplace le fameux verre de lait au chocolat après l'effort. Chocolatée à souhait, elle doit son nom au marathon de Chicago.

Donne 15 galettes de 30 g (1 oz) **Four:** 180 °C (350 °F) **Cuisson:** 15 minutes

150 g (½ tasse) de purée de dattes
100 g (⅓ de tasse) de yogourt nature
1 œuf

1 c. à soupe d'extrait de vanille pur
½ c. à thé de bicarbonate de soude
1 c. à thé de poudre à pâte
1 pincée de sel

150 g (1 ½ tasse) de lait écrémé en poudre
75 g (¾ de tasse) de poudre de cacao
25 g (¼ de tasse) de poudre d'amandes
30 g (¼ de tasse) de graines de lin, broyées
100 à 200 g (½ à 1 tasse) de pépites de chocolat noir 75 %

Comment faire?

01 Préchauffer le four à 180 °C (350 °F).
02 Dans un bol, bien mélanger tous les ingrédients de la section **noire**.
03 Ajouter les ingrédients de la section **grise**. Attendre la légère émulsion (pour le plaisir) et bien remuer.
04 Incorporer les ingrédients de la section **rose**.
05 Couvrir une plaque de papier parchemin ou d'un tapis en silicone, sinon tout va coller.
06 Déposer la pâte à la cuillère pour créer de belles Labriskis.
07 Décorer avec quelques pépites ou pastilles de chocolat.
08 Cuire au four environ 15 minutes. Je vous le dis: vous allez vous régaler après chaque entraînement.

Go, go, go!

La **Poigne de gorille**

(soja, mélasse et protéines)

J'adore le mélange de mélasse et de soja. C'est fou. Pour tripler l'apport en fer, optez pour la mélasse verte (*blackstrap*). Je vous recommande de manger cette source de fibres et de protéines quand la faim vous tenaille. Grrr!

La **Vam de rêve**

(protéines, avoine et caramel)

C'est quoi une Vam? C'est la vitesse aérobique maximale qu'une personne peut atteindre lorsqu'elle court à 100% de sa capacité pendant 5 à 6 minutes. Plus la Vam est élevée, plus on va vite. Avec la Vam de rêve, tout est possible.

La **Tartocitron**

(citron)

Citron que c'est bon! Qui a dit qu'on ne pouvait faire de la tarte au citron qu'avec une préparation du commerce? Amusez-vous!

Comment faire?

01 Préchauffer le four à 180 °C (350 °F).
02 Dans un bol, bien mélanger tous les ingrédients de la section **noire**.
03 Ajouter les ingrédients de la section **grise**. Attendre la légère émulsion (pour le plaisir) et bien remuer.
04 Incorporer les ingrédients de la section **rose**.

Donne 19 galettes de 30 g (1 oz) **Four :** 180 °C (350 °F) **Cuisson :** 15 minutes

150 g (½ tasse) de purée de dattes
150 g (½ tasse) de yogourt nature
150 g (½ tasse) de mélasse verte (*blackstrap*) ou de fantaisie
1 œuf

1 c. à thé d'extrait de vanille pur
½ c. à thé de bicarbonate de soude
1 c. à thé de poudre à pâte

1 c. à thé de cannelle moulue
1 c. à thé de gingembre moulu
1 pincée de sel

225 g (1 ½ tasse) de farine de soja
100 g (1 tasse) de lait écrémé en poudre
60 g (½ tasse) de graines de lin, broyées
65 g (½ tasse) de raisins secs

Donne 15 galettes de 30 g (1 oz) **Four :** 180 °C (350 °F) **Cuisson :** 15 minutes

150 g (½ tasse) de purée de dattes
150 g (½ tasse) de yogourt nature
1 œuf

2 c. à thé d'extrait de vanille pur
½ c. à thé de bicarbonate de soude
2 c. à thé de poudre à pâte
½ c. à thé de gingembre moulu
¼ de c. à thé de cannelle moulue
1 pincée de sel

1 sachet de 3 g de mélange à saveur Frosting Créations au caramel (facultatif)
75 g (½ tasse) de farine d'avoine
150 g (1 ½ tasse) de lait écrémé en poudre
100 g (1 tasse) de flocons d'avoine à cuisson rapide
30 g (¼ de tasse) de graines de lin, broyées
130 g (1 tasse) de raisins secs
100 à 200 g (½ à 1 tasse) de pépites de caramel au beurre (facultatif)

Donne 12 petites galettes **Four :** 180 °C (350 °F) **Cuisson :** 15 minutes

75 g (¼ de tasse) de purée de dattes
150 g (½ tasse) de yogourt nature sans gras
1 œuf

1 paquet de mélange pour garniture à tarte et pour dessert Léger au citron (Shirriff)
½ c. à thé de bicarbonate de soude
1 c. à thé de poudre à pâte
1 pincée de sel

115 g (¾ de tasse) de farine blanche
50 g (½ tasse) de lait écrémé en poudre
1 c. à soupe de graines de chia noires
5 à 10 gouttes de colorant alimentaire jaune (facultatif)

05 Couvrir une plaque de papier parchemin ou d'un tapis en silicone, sinon tout va coller.
06 Déposer la pâte à la cuillère pour créer de belles Labriskis.
07 Cuire au four environ 15 minutes. Profiter de l'odeur alléchante et laisser refroidir sur une grille.
08 **Miam, miam, miam ! C'est bon des galettes Labriskis après avoir fait du sport.**

La **Pinotte musclée**

(protéines et pépites de beurre d'arachide)

Votre nouvelle amie après l'effort. Pour maximiser votre récupération, mangez-la dans les 30 minutes qui suivent votre entraînement. Une autre bonne raison de bouger au maximum. C'est bon, presque cochon. Miamski !

Donne 16 galettes de 30 g (1 oz) **Four :** 180 °C (350 °F) **Cuisson :** 15 minutes

150 g (½ tasse) de purée de dattes
150 g (½ tasse) de compote de pommes non sucrée
100 g (⅓ de tasse) de beurre d'arachide naturel
1 œuf

½ c. à soupe d'extrait de vanille pur
½ c. à thé de bicarbonate de soude
½ c. à soupe de poudre à pâte
1 pincée de sel

150 g (1 tasse) de lait en poudre non dilué
70 g (⅔ de tasse) de flocons d'avoine à cuisson rapide
30 g (¼ de tasse) de graines de lin, broyées
50 g (½ tasse) de poudre d'amandes
110 g (½ tasse) de pépites de beurre d'arachide Reese's

Comment faire ?

01 Préchauffer le four à 180 °C (350 °F).
02 Dans un bol, bien mélanger tous les ingrédients de la section **noire**.
03 Ajouter les ingrédients de la section **grise**. Attendre la légère émulsion (pour le plaisir) et bien remuer.
04 Incorporer les ingrédients de la section **rose**.
05 Couvrir une plaque de papier parchemin ou d'un tapis en silicone, sinon tout va coller.
06 Déposer la pâte à la cuillère pour créer de belles Labriskis.
07 Décorer avec quelques pépites de beurre d'arachide.
08 Cuire au four environ 15 minutes et laisser refroidir sur une grille.

Bon succès musclé !

La **Fruit de l'effort**

(protéines végétales et banane)

Suc-cu-len-te. Je regardais mon pot de protéines Vegan à la vanille et je me suis dit : « Tiens, si je cuisinais une galette avec ça ? » Tadamski, voici le résultat. Vos efforts seront récompensés.

Donne 15 galettes de 30 g (1 oz) **Four :** 180 °C (350 °F) **Cuisson :** 20 minutes

150 g (½ tasse) de purée de dattes
150 g (½ tasse) de compote de pommes non sucrée
1 banane bien mûre, écrasée
1 œuf

1 c. à soupe d'extrait de vanille pur
1 c. à thé de bicarbonate de soude
1 c. à soupe de poudre à pâte
1 pincée de sel

50 g (½ tasse) de protéines Vegan à la vanille
65 g (½ tasse) de flocons de quinoa
40 g (¼ de tasse) de graines de chia
50 g (¼ de tasse) de pépites de chocolat noir (facultatif)

Comment faire ?

01 Préchauffer le four à 180 °C (350 °F).
02 Dans un bol, bien mélanger tous les ingrédients de la section **noire**.
03 Ajouter les ingrédients de la section **grise**. Attendre la légère émulsion (pour le plaisir) et bien remuer.
04 Incorporer les ingrédients de la section **rose**.
05 Couvrir une plaque de papier parchemin ou d'un tapis en silicone, sinon tout va coller.
06 Déposer la pâte à la cuillère pour créer de belles Labriskis.
07 Cuire au four environ 20 minutes. Profiter de l'odeur alléchante et laisser refroidir sur une grille. Régalez-vous et croyez en vous.

Baby
Jogger

La **Rendez-vous au sommet**

(isolat de protéines* et beurre d'arachide naturel)

***Isolat de protéines de lactosérum ou protéines de petit-lait. Ayayaille ! quel nom compliqué. Quand on sait que cette petite poudre offre 93 g de protéines par portion de 100 g, on se dit que c'est une bonne idée de l'utiliser pour galetter.**

Donne 35 galettes de 30 g (1 oz) **Four :** 180 °C (350 °F) **Cuisson :** 15 minutes

150 g (½ tasse) de purée de dattes
150 g (½ tasse) de compote de pommes non sucrée
150 g (½ tasse) de beurre d'arachide naturel
2 c. à soupe de mélasse verte (*blackstrap*) ou de fantaisie
1 œuf

½ c. à thé de bicarbonate de soude
1 c. à soupe de poudre à pâte
1 pincée de sel

125 g (1 ¼ tasse) de protéines de petit-lait
75 g (½ tasse) d'arachides, en morceaux
50 à 100 g (¼ à ½ tasse) de pépites de chocolat noir

Comment faire ?

01 Préchauffer le four à 180 °C (350 °F).
02 Dans un bol, bien mélanger tous les ingrédients de la section **noire**.
03 Ajouter les ingrédients de la section **grise**. Attendre la légère émulsion (pour le plaisir) et bien remuer.
04 Incorporer les ingrédients de la section **rose**.
05 Couvrir une plaque de papier parchemin ou d'un tapis en silicone, sinon tout va coller.
06 Déposer la pâte à la cuillère pour créer de belles Labriskis.
07 Cuire au four environ 15 minutes. Profiter de l'odeur alléchante et laisser refroidir sur une grille. Régalez-vous et osez atteindre les plus hauts sommets.

La **Podium fruitée**

(isolat de protéines*, oranges et fruits rouges)

***Isolat de protéines de lactosérum ou protéines de petit-lait. Cette petite poudre au nom compliqué est tellement performante (93 g de protéines pour 100 g) que je n'avais pas le choix de créer une version fruitée.**

Donne 35 galettes de 30 g (1 oz) **Four:** 180 °C (350 °F) **Cuisson:** 15 minutes

150 g (½ tasse) de purée de dattes
150 g (½ tasse) de concentré de jus d'orange surgelé
1 œuf

½ c. à thé de bicarbonate de soude
½ c. à soupe de poudre à pâte
Le zeste râpé de 1 orange ou de 2 clémentines
1 pincée de sel

100 g (1 tasse) de protéines de petit-lait
150 g (1 ½ tasse) de gros flocons d'avoine
75 g (½ tasse) de canneberges séchées
80 g (½ tasse) de cerises séchées
50 g (¼ de tasse) de pépites de chocolat blanc

Vous avez bien lu, on prépare cette recette avec du concentré de jus d'orange surgelé.

Comment faire ?

01 Préchauffer le four à 180 °C (350 °F).
02 Dans un bol, bien mélanger tous les ingrédients de la section **noire**.
03 Ajouter les ingrédients de la section **grise**. Attendre la légère émulsion (pour le plaisir) et bien remuer.
04 Incorporer les ingrédients de la section **rose**.
05 Couvrir une plaque de papier parchemin ou d'un tapis en silicone, sinon tout va coller.
06 Déposer la pâte à la cuillère pour créer de belles Labriskis.
07 Cuire au four environ 15 minutes. Profiter de l'odeur alléchante et laisser refroidir sur une grille. Régalez-vous et montez sur tous les podiums.

La **Go les jambes**

(protéines, smoothie tropical et avoine)

Oui, on peut faire autre chose que du smoothie avec un contenant de smoothie surgelé. On trouve ce produit dans la section des jus surgelés. Une galette au smoothie, c'est fou comme c'est bon.

Donne 24 galettes de 30 g (1 oz) **Four :** 180 °C (350 °F) **Cuisson :** 12 minutes

150 g (½ tasse) de purée de dattes
125 ml (½ tasse) de smoothie aux fruits tropicaux surgelé
1 œuf

½ c. à thé de bicarbonate de soude
½ c. à soupe de poudre à pâte
Le zeste râpé de 1 orange ou de ½ pamplemousse
1 pincée de sel

75 g (½ tasse) de farine avec ou sans gluten
200 g (2 tasses) de lait écrémé en poudre
100 g (1 tasse) de poudre d'amandes
50 g (½ tasse) d'amandes effilées

Comment faire ?

01 Préchauffer le four à 180 °C (350 °F).
02 Dans un bol, bien mélanger tous les ingrédients de la section **noire**.
03 Ajouter les ingrédients de la section **grise**. Attendre la légère émulsion (pour le plaisir) et bien remuer.
04 Incorporer les ingrédients de la section **rose**.
05 Couvrir une plaque de papier parchemin ou d'un tapis en silicone, sinon tout va coller.
06 Déposer la pâte à la cuillère pour créer de belles Labriskis.
07 Cuire au four environ 12 minutes. Profiter de l'odeur alléchante et laisser refroidir sur une grille. Régalez-vous et… go les jambes !

Chic ! Des mignardises. On se croirait dans un cocktail.

Elles sont petites et chics. Elles sont incroyablement délicieuses et 100 % surprenantes. On peut les emporter en camping ou encore les servir dans une grande soirée sur un plateau d'argent. Ces mignonnes petites choses sont fa-sci-nan-tes. Tantôt salées, tantôt sucrées, elles sont dignes d'une nouvelle génération de mignardises. Pincez-moi quelqu'un : manger santé n'aura jamais été aussi cochon. Merci la vie pour ces belles idées décadentes et ultrafaciles à cuisiner.

Recettes pour faire chic!

La **Cerise de toi**

(cerises et amandes)

Sans gluten, elle est incroyablement délicieuse. Cuisinez cette recette et tout le monde deviendra cerise de vous. À faire et à refaire. Encore et encore. Toujours et toujours, réception après réception.

Donne 15 galettes de 30 g (1 oz) **Four :** 180 °C (350 °F) **Cuisson :** 15 minutes

150 g (½ tasse) de purée de dattes
150 g (½ tasse) de compote de fruits rouges non sucrée
1 œuf

½ c. à 1 c. à soupe d'extrait d'amande pur
½ c. à thé de bicarbonate de soude
½ c. à soupe de poudre à pâte
1 pincée de sel

65 g (½ tasse) de farine de quinoa ou autre
150 g (1 ½ tasse) d'amandes effilées
120 g (¾ de tasse) de cerises séchées
40 g (¼ de tasse) de graines de chia
50 g (¼ de tasse) de pépites de chocolat blanc (facultatif)

Comment faire ?

01 Préchauffer le four à 180 °C (350 °F).
02 Dans un bol, bien mélanger tous les ingrédients de la section **noire**.
03 Ajouter les ingrédients de la section **grise**. Attendre la légère émulsion (pour le plaisir) et bien remuer.
04 Incorporer les ingrédients de la section **rose**.
05 Couvrir une plaque de papier parchemin ou d'un tapis en silicone, sinon tout va coller.
06 Déposer la pâte à la cuillère pour créer de belles Labriskis.
07 Décorer chacune avec une cerise séchée.
08 Cuire au four environ 15 minutes. Profiter de l'odeur alléchante et laisser refroidir sur une grille avant de vous régaler.

La
Coco hot

(cacao, orange et amandes)

La
Amanda fait la fiesta

(amandes et Baileys)

La
Grenaille de stars

(graines et caramel)

La
Boula datta

La
Schtroumpfante

La
É-cœu-ran-te-rie

La **Coco hot**

(cacao, orange et amandes)

La grande classe. Avec son doux parfum d'orange et d'amande, elle n'a rien à envier aux desserts les plus fins. On va se dire les vraies affaires: la Coco « hot » porte vraiment bien son nom.

La **Amanda fait la fiesta**

(amandes et Baileys)

Si vous aimez la célèbre boisson irlandaise, vous allez devenir accro à cette petite Labriski. Servie avec un petit Baileys sur glace, c'est tout votre être qui sera en fête. Source de fibres et de plaisir festif.

La **Grenaille de stars**

(graines et caramel)

Une petite boulette en robe du soir, ça fait chic. Cette recette sans gluten est digne d'un tapis rouge et fera de vous une star de la mignardise santé! Oubliez les macarons français et faites des heureux autour de vous.

Comment faire?

01 Préchauffer le four à 180 °C (350 °F).
02 Dans un bol, bien mélanger tous les ingrédients de la section **noire**.
03 Ajouter les ingrédients de la section **grise**. Attendre la légère émulsion (pour le plaisir) et bien remuer.
04 Incorporer les ingrédients de la section **rose**.

Donne 20 galettes de 30 g (1 oz) **Four:** 180 °C (350 °F) **Cuisson:** 17 minutes

150 g (½ tasse) de purée de dattes
150 g (½ tasse) de compote de pommes non sucrée
1 œuf

¼ de c. à thé de bicarbonate de soude
2 c. à thé de poudre à pâte
Le zeste râpé de 1 grosse orange
1 pincée de sel

50 g (½ tasse) de poudre d'amandes
55 g (½ tasse) de poudre de cacao
30 g (¼ de tasse) de graines de lin, broyées
50 g (½ tasse) de noix de coco râpée non sucrée (grosseur moyenne)
40 à 80 g (¼ à ½ tasse) de pépites de chocolat noir 75 %

Donne 14 galettes de 30 g (1 oz) **Four:** 180 °C (350 °F) **Cuisson:** 15 minutes

150 g (½ tasse) de purée de dattes
150 g (½ tasse) de yogourt nature
1 œuf

1 à 3 c. à thé d'extrait d'amande pur
125 ml (½ tasse) de Baileys
½ c. à thé de bicarbonate de soude
1 c. à soupe de poudre à pâte
1 pincée de sel

100 g (1 tasse) de poudre d'amandes
150 g (1 tasse) de farine de blé entier
100 g (1 tasse) d'amandes effilées, hachées

Donne 30 galettes de 15 g (½ oz) **Four:** 180 °C (350 °F) **Cuisson:** 15 minutes

150 g (½ tasse) de purée de dattes
1 œuf
1 c. à soupe d'extrait de caramel artificiel
75 g (½ tasse) de farine sans gluten (ou autre)
40 g (¼ de tasse) de graines de chia
30 g (¼ de tasse) de graines de lin
80 g (½ tasse) de graines de sésame
40 g (¼ de tasse) de pépites de caramel Skor

05 Couvrir une plaque de papier parchemin ou d'un tapis en silicone, sinon tout va coller.
06 Déposer la pâte à la cuillère pour créer de belles Labriskis.
07 Cuire au four le temps indiqué. Profiter de l'odeur alléchante et laisser refroidir sur une grille avant de se régaler. Ai-je besoin de dire que ça va être é-cœu-rant?

La **Boula datta**

(boule de carré aux dattes)

Qui a dit que les carrés aux dattes devaient être en forme de carré ? Cette recette a tout pour plaire. Facile à faire, elle est bonne à en perdre la boule. Boula datta, boula datta !

La **Schtroumpfante**

(amandes et bleuets)

Dans la vie, on se prend trop au sérieux. La Schtroumpfante nous invite à prendre la vie avec un peu de légèreté. C'est schtroumpfant, une recette fruitée sans gluten ni produits laitiers, n'est-ce pas ?

La **É-cœu-ran-te-rie**

(inspiration Oreo)

O.K., on triche un peu. On met de la chapelure de biscuits Oreo dans la recette. Quoi ? La Madame serait-elle tombée sur la tête ? Non. Elle a juste envie d'explorer les possibilités. Si c'est bon ? C'est très très très très très bon.

Comment faire ?

01 Préchauffer le four à 180 °C (350 °F).
02 Dans un bol, bien mélanger tous les ingrédients de la section **noire**.
03 Ajouter les ingrédients de la section **grise**. Attendre la légère émulsion (pour le plaisir) et bien remuer.
04 Incorporer les ingrédients de la section **rose**.

Donne 24 boules de 30 g (1 oz) **Four:** 180 °C (350 °F) **Cuisson:** 12 minutes

225 g (¾ de tasse) de purée de dattes
1 œuf

100 g (1 tasse) de flocons d'avoine
à cuisson rapide
40 g (¼ de tasse) de graines de chia
20 g (1 tasse) de millet soufflé

60 g (½ tasse) de pacanes,
en morceaux
100 à 200 g (½ à 1 tasse)
de dattes dénoyautées,
en morceaux

Donne 15 galettes de 30 g (1 oz) **Four:** 180 °C (350 °F) **Cuisson:** 30 minutes

150 g (½ tasse) de purée de dattes
150 g (½ tasse) de compote de bleuets et
pommes non sucrée
1 œuf

1 c. à soupe d'extrait d'amande
¼ de c. à thé de bicarbonate de soude
½ c. à thé de poudre à pâte
1 pincée de sel

100 g (1 tasse) de poudre d'amandes
65 g (½ tasse) de graines de citrouille
vertes, écalées
75 g (¾ de tasse) d'amandes effilées
150 g (1 tasse) de bleuets séchés

Donne 38 mignardises de 15 g (½ oz) **Four:** 180 °C (350 °F) **Cuisson:** 12 minutes

150 g (½ tasse) de purée de dattes
150 g (½ tasse) de compote de pommes
non sucrée
1 œuf

½ c. à soupe de poudre à pâte
1 pincée de sel

130 g (1 tasse) de chapelure de biscuits
Oreo
25 g (¼ de tasse) de poudre de cacao
40 g (¼ de tasse) de graines de chia
50 g (½ tasse) de filaments de noix de coco
non sucrée
50 g (¼ de tasse) de pépites de chocolat
noir 70 %

05 Couvrir une plaque de papier parchemin ou d'un tapis en silicone, sinon tout va coller.
06 Déposer la pâte à la cuillère pour créer de belles Labriskis.
07 Cuire au four le temps indiqué. Profiter de l'odeur alléchante et laisser refroidir sur une grille avant de vous régaler. Ai-je besoin de dire que ça va être é-cœu-rant ?

La **Salée les cajous**

(noix de cajou et sésame)

Si vous aimez les cajous, vous allez en devenir fou. Si vous aimez le sucré-salé, vous en serez carrément cinglé. Une petite merveille à essayer au moins une fois dans sa vie. Parole de Madame Labriski !

Donne 15 carrés d'environ 15 g (½ oz) **Four :** 180 °C (350 °F) **Cuisson :** 15 minutes

150 g (½ tasse) de purée de dattes
1 œuf
1 c. à thé d'extrait de caramel artificiel
40 g (¼ de tasse) de graines de sésame
150 g (1 tasse) de noix de cajou salées, en morceaux
2 c. à soupe de pépites de Skor (facultatif)

Comment faire ?

01 Préchauffer le four à 180 °C (350 °F).
02 Mettre tous les ingrédients dans un bol et bien mélanger.
03 Couvrir une plaque de papier parchemin ou d'un tapis en silicone, sinon tout va coller.
04 Étendre la pâte sur la plaque à l'aide d'une cuillère.
05 Labriskinnerie ! Pour avoir de beaux petits carrés qui se tiennent, il ne faut pas avoir peur de bien compresser la pâte.
06 Cuire au four environ 15 minutes. OMG ! que ça sent bon.
07 Attendre un peu avant de couper en carrés et de déguster.

La **Fudge mon régime**

(mi-fudge, mi-miracle)

Miam, miam et miam, miam, miam. Que dire de plus ? Source intense de bonheur éternel.

Donne 48 mignardises de 15 g (½ oz) **Four :** 180 °C (350 °F) **Cuisson :** 13 minutes

225 g (¾ de tasse) de yogourt nature sans gras
150 g (½ tasse) de beurre d'arachide naturel
125 ml (½ tasse) de mélasse verte (*blackstrap*) ou de fantaisie
1 œuf
150 g (1 tasse) de farine avec ou sans gluten
50 g (½ tasse) de poudre de cacao
2 c. à soupe de café instantané
75 à 150 g (½ à 1 tasse) d'arachides, en morceaux (facultatif)

Comment faire ?

01 Préchauffer le four à 180 °C (350 °F).
02 Mettre tous les ingrédients dans un bol et bien mélanger.
03 Couvrir une plaque de papier parchemin ou d'un tapis en silicone, sinon tout va coller.
04 Déposer la pâte à la cuillère (ou à la petite portionneuse) pour créer de belles Labriskis.
05 Cuire au four environ 13 minutes. Profiter de l'odeur alléchante et laisser refroidir sur une grille avant de vous régaler sans culpabilité.

La **Fleur de ciel**
(cacao et fleur de sel)

La **Veuve Ginger**
(cacao et gingembre)

La **El Fuego**
(cacao et cayenne)

Une base, trois mignardises incroyablement savoureuses. C'est chocolaté, relevé, salé ou épicé. Des recettes faciles et ô combien dignes d'un grand traiteur.

Donne 20 galettes de 30 g (1 oz) **Four:** 180 °C (350 °F) **Cuisson:** 15 minutes

150 g (½ tasse) de purée de dattes
150 g (½ tasse) de compote de pommes non sucrée
1 œuf

¼ de c. à thé de bicarbonate de soude
½ c. à soupe de poudre à pâte
½ c. à 1 c. à soupe de fleur de sel, de gingembre moulu ou de piment de Cayenne (selon la variante choisie)
1 pincée de sel

75 g (½ tasse) de farine de blé ou autre
50 g (½ tasse) de poudre de cacao
50 g (¼ de tasse) de pépites de chocolat
Pour la Veuve Ginger: 35 g (⅓ de tasse) de gingembre cristallisé, en morceaux

Comment faire?

01 Préchauffer le four à 180 °C (350 °F).
02 Dans un bol, bien mélanger tous les ingrédients de la section **noire**.
03 Ajouter les ingrédients de la section **grise** selon la variante choisie. Attendre la légère émulsion et bien remuer.
04 Incorporer les ingrédients de la section **rose**.
05 Couvrir une plaque de papier parchemin ou d'un tapis en silicone, sinon tout va coller.
06 Déposer la pâte à la cuillère pour créer de belles Labriskis.
07 Décorer avec un peu de gingembre cristallisé, de fleur de sel ou de piment de Cayenne (selon la variante choisie).
08 Cuire au four environ 15 minutes. Profiter de l'odeur alléchante et laisser refroidir sur une grille avant de vous régaler.

Épatez vos invités. Recevez aux Labriskis.

— Je ne peux pas croire que c'est santé.

— Je vous le dis, il n'y a pas de sucre ni de gras ajoutés dans ces délices.

— Impossible.

— C'est pourtant vrai.

— Humm, c'est épatant. C'est quoi déjà ?

— Des recettes à la Labriski.

Recettes pour recevoir les amis

La **Effervescente**

(chocolat et menthe)

Une galette aussi savoureuse que les fins chocolats anglais à la menthe ? C'est bien ça. Source de fibres et… de compliments.

Donne 25 galettes de 30 g (1 oz) **Four :** 180 °C (350 °F) **Cuisson :** 15 minutes

150 g (½ tasse) de purée de dattes
150 g (½ tasse) de compote de pommes non sucrée
1 œuf

1 c. à soupe d'extrait de menthe poivrée et de menthe pur
½ c. à thé de bicarbonate de soude
½ c. à soupe de poudre à pâte
1 pincée de sel

150 g (1 tasse) de farine à pâtisserie
75 g (¾ de tasse) de poudre de cacao
60 g (½ tasse) de graines de lin, broyées ou non
100 g (½ tasse) de pépites de chocolat 75 %

Comment faire ?

01 Préchauffer le four à 180 °C (350 °F).
02 Dans un bol, bien mélanger tous les ingrédients de la section **noire**.
03 Ajouter les ingrédients de la section **grise**. Attendre la légère émulsion (pour le plaisir) et bien remuer.
04 Incorporer les ingrédients de la section **rose**.
05 Couvrir une plaque de papier parchemin ou d'un tapis en silicone, sinon tout va coller.
06 Déposer la pâte à la cuillère pour créer de belles Labriskis.
07 Décorer chacune avec une pastille de chocolat noir.
08 Cuire au four environ 15 minutes. Ça va sentir tellement bon dans votre maison.
09 Laisser refroidir sur une grille et déguster avec les amis.

La **Sel que j'aime**

(caramel et fleur de sel)

Cette galette est une vedette. Osez la cuisiner, elle deviendra «Sel» que tout le monde aime. Cette petite merveille fait un superbe cadeau d'hôtesse.

Donne 20 mignardises de 30 g (1 oz) **Four:** 180 °C (350 °F) **Cuisson:** 18 minutes

150 g (½ tasse) de purée de dattes
150 g (½ tasse) de compote de pommes non sucrée
1 œuf

2 c. à soupe d'extrait de caramel artificiel
½ c. à thé de bicarbonate de soude
½ c. à soupe de poudre à pâte
½ c. à thé de fleur de sel

150 g (1 ½ tasse) de poudre d'amandes
50 à 60 g (½ tasse) de farine au choix (blé, épeautre, avoine, blanche, sans gluten, etc.)
55 g (⅓ de tasse) de pépites de caramel Skor

Comment faire?

01 Préchauffer le four à 180 °C (350 °F).
02 Dans un bol, bien mélanger tous les ingrédients de la section **noire**.
03 Ajouter les ingrédients de la section **grise**. Attendre la légère émulsion (pour le plaisir) et bien remuer.
04 Incorporer les ingrédients de la section **rose**.
05 Couvrir une plaque de papier parchemin ou d'un tapis en silicone, sinon tout va coller.
06 Déposer la pâte à la cuillère pour créer de belles Labriskis.
07 Décorer avec quelques grains de fleur de sel et des pépites de caramel.
08 Cuire au four environ 18 minutes. Oh! que ça sent bon dans la maison. Régalez-vous et épatez vos invités.

La **Bleue bonheur**

(pépites de caramel et bleuets)

Cette recette a été créée par accident… et quel accident! Un vrai bonheur sans gluten. Yé! À faire au moins une fois dans sa vie.

Donne 15 à 18 galettes de 60 g (2 oz) **Four:** 180 °C (350 °F) **Cuisson:** 15 minutes

150 g (½ tasse) de purée de dattes
150 g (½ tasse) de compote de pommes non sucrée
125 ml (½ tasse) de lait (ou de boisson d'amande ou de soja)
1 œuf

1 c. à soupe d'extrait de caramel artificiel
½ c. à thé de bicarbonate de soude
½ c. à soupe de poudre à pâte
1 pincée de sel

50 g (⅓ de tasse) de farine de noix de coco
130 g (1 tasse) de farine de quinoa
2 c. à soupe de graines de chia
75 g (½ tasse) de bleuets séchés
40 g (¼ de tasse) de pépites de caramel Skor
40 g (¼ de tasse) de pépites de caramel au beurre

Comment faire?

01 Préchauffer le four à 180 °C (350 °F).
02 Dans un bol, bien mélanger tous les ingrédients de la section **noire**.
03 Ajouter les ingrédients de la section **grise**. Attendre la légère émulsion (pour le plaisir) et bien remuer.
04 Incorporer les ingrédients de la section **rose**.
05 Couvrir une plaque de papier parchemin ou d'un tapis en silicone, sinon tout va coller.
06 Déposer la pâte à la cuillère pour créer de belles Labriskis.
07 Décorer chacune avec quelques bleuets séchés et pépites de caramel.
08 Cuire au four environ 15 minutes et laisser refroidir sur une grille avant de vous régaler.

La **Aristocrate**

(pineau des Charentes)

J'aime le pineau des Charentes. Vraiment. J'aime ses arômes, la richesse de sa robe et son parfum. Qui aurait pensé faire une galette santé avec ce vin de liqueur ? Oui, la Madame.

Donne 20 galettes de 30 g (1 oz) **Four :** 180 °C (350 °F) **Cuisson :** 15 minutes

150 g (1 tasse) de raisins secs dorés géants
125 ml (½ tasse) de pineau des Charentes blanc

150 g (½ tasse) de purée de dattes
100 g (⅓ de tasse) de yogourt nature
1 œuf

80 ml (⅓ de tasse) de pineau des Charentes blanc
1 c. à soupe d'extrait de vanille pur
½ c. à thé de bicarbonate de soude
1 c. à soupe de poudre à pâte
1 pincée de sel

300 g (2 tasses) de farine de blé entier
30 g (¼ de tasse) de graines de lin, broyées
40 g (⅓ de tasse) de noix de Grenoble, hachées

Comment faire ?

01 Faire tremper les raisins secs dans 125 ml (½ tasse) de pineau des Charentes pendant 12 heures.
02 Le lendemain, préchauffer le four à 180 °C (350 °F).
03 Dans un bol, bien mélanger tous les ingrédients de la section **noire**.
04 Ajouter les ingrédients de la section **grise**. Attendre la légère émulsion (pour le plaisir) et bien remuer.
05 Incorporer les ingrédients de la section **rose**.
06 Couvrir une plaque de papier parchemin ou d'un tapis en silicone, sinon tout va coller.
07 Déposer la pâte à la cuillère pour créer de belles Labriskis.
08 Décorer chacune avec une noix de Grenoble et un raisin sec.
09 Cuire au four environ 15 minutes et laisser refroidir sur une grille.
10 Régalez-vous… des réactions de vos invités : ils n'en reviendront pas.

La **Et je peux mourir**

(beurre d'arachide et caramel)

Fantasmagorique. Ahurissante. Décadente. Vivifiante. Sublime. Exaltante. C'est simple : cette mignardise est venue au monde pour nous faire profiter de la vie au maximum. Profitez-en, cuisinez-la ! Si vous faites des galettes plus grosses, augmentez un peu le temps de cuisson.

Donne 45 mignardises de 15 g (½ oz) **Four :** 180 °C (350 °F) **Cuisson :** 12 minutes

150 g (½ tasse) de purée de dattes
155 g (½ tasse) de beurre d'arachide naturel
1 œuf
1 c. à soupe d'extrait de caramel artificiel
40 g (¼ de tasse) de graines de chia
48 g (3 tasses) de millet soufflé
50 g (⅓ de tasse) d'arachides, hachées
40 g (¼ de tasse) de pépites de caramel Skor

Comment faire ?

01 Préchauffer le four à 180 °C (350 °F).
02 Mettre tous les ingrédients dans un bol et bien mélanger.
03 Couvrir une plaque de papier parchemin ou d'un tapis en silicone, sinon tout va coller.
04 Déposer la pâte à la cuillère pour créer de petites Labriskis.
05 Cuire au four environ 12 minutes. Profiter de l'odeur alléchante et laisser refroidir sur une grille avant de vous régaler.

La **Grahamiam**

(gingembre, chocolat et chapelure de biscuits Graham)

Quand le Graham rencontre le gingembre, c'est la joie. Les invités sont impressionnés et on passe pour un chef. Source très intense de plein de bonnes choses. En plus, elle se fait en un rien de temps.

Donne 10 barres de 45 g (1 ½ oz) **Cuisson :** 15 minutes

150 g (½ tasse) de purée de dattes
1 œuf
2 c. à thé de gingembre moulu
90 g (1 tasse) de chapelure de biscuits Graham
50 g (½ tasse) de flocons d'avoine à cuisson rapide
60 g (½ tasse) de graines de tournesol ou de noix au choix
40 g (¼ de tasse) de pépites ou de pastilles de chocolat noir

Comment faire ?

01 Préchauffer le four à 180 °C (350 °F).
02 Dans un bol, bien mélanger tous les ingrédients.
03 Couvrir une plaque de papier parchemin ou d'un tapis en silicone, sinon tout va coller.
04 Étendre la pâte sur la plaque à l'aide d'une cuillère.
05 Labriskinnerie ! Pour avoir de belles barres qui se tiennent, il ne faut pas avoir peur de bien compresser la pâte.
06 Décorer avec quelques pastilles de chocolat noir pour faire plus chic.
07 Cuire au four environ 15 minutes. OMG ! que ça sent bon.
08 Laisser refroidir et attendre un peu avant de couper en carrés.

La **Crouche à l'érable**

(sirop d'érable et riz soufflé)

Ce crumble est idéal pour ajouter un peu de croustillant aux yogourts, sorbets et autres délices sucrés. C'est bon, le sirop d'érable ! Crouche, crouche, crouche…

Donne ½ plaque **Four :** 180 °C (350 °F) **Cuisson :** 15 à 20 minutes

2 œufs
160 ml (⅔ de tasse) de sirop d'érable
40 g (2 tasses) de riz soufflé
240 g (2 tasses) de noix au goût (noix de Grenoble, pacanes, arachides, etc.) ou de noix de coco

Comment faire ?

01 Préchauffer le four à 180 °C (350 °F).
02 Mettre tous les ingrédients dans un bol et bien mélanger.
03 Couvrir une plaque de papier parchemin ou d'un tapis en silicone, sinon tout va coller.
04 Étendre la pâte sur la plaque à l'aide d'une cuillère.
05 Labriskinnerie ! Pour avoir de belles barres qui se tiennent, il ne faut pas avoir peur de bien compresser la pâte.
06 Cuire au four de 15 à 20 minutes. OMG ! que ça sent bon.
07 Laisser refroidir et couper en barres ou en petits morceaux croustillants.

Parions que ça va disparaître rapidement !

Le **Foulopomme**

(pommes et caramel)

Ce cake rempli de gros morceaux de pomme est sensationnel. Pour gagner du tempski, n'épluchez pas les pommes avant de les couper en tranches. À essayer!

Donne 1 cake rond de 18 cm (7 po) **Four:** 180 °C (350 °F) **Cuisson:** environ 1 h pour le cake

Les pommes

420 g (3 ½ tasses) de pommes en morceaux (4 ou 5 pommes)
1 c. à thé de cannelle moulue
1 c. à soupe d'extrait de caramel artificiel

Le cake

225 g (¾ de tasse) de purée de dattes
225 g (¾ de tasse) de compote de pommes non sucrée
2 œufs

1 c. à soupe d'extrait de caramel artificiel
½ c. à thé de bicarbonate de soude
1 c. à soupe de poudre à pâte
1 c. à soupe de cannelle moulue
1 pincée de sel

300 g (2 tasses) de farine à pâtisserie ou autre
30 g (¼ de tasse) de graines de lin, broyées
60 g (½ tasse) de noix de Grenoble, en morceaux
40 g (¼ de tasse) de pépites de caramel Skor (facultatif)

Comment faire?

Les pommes

01 Préchauffer le gril du four.
02 Dans un bol, bien mélanger les pommes, la cannelle et l'extrait de caramel.
03 Mettre la préparation sur une plaque recouverte de papier parchemin et cuire au four 5 minutes. Ça va sentir bon dans la maison.

Le cake

01 Préchauffer le four à 180 °C (350 °F).
02 Dans un bol, bien mélanger tous les ingrédients de la section **noire**.
03 Ajouter les ingrédients de la section **grise**. Attendre la légère émulsion (pour le plaisir) et bien remuer.
04 Incorporer les ingrédients de la section **rose** ainsi que les pommes.
05 Labriskinnerie! On prend un moule à cake et on pense à mettre un léger corps gras, sinon tout va coller.
06 Déposer la succulente pâte dans le moule.
07 Décorer avec des tranches de pomme.
08 Cuire au four environ 1 heure. Laisser refroidir avant de démouler. Succès assuré!

Le saviez-vous ?
Une recette de glaçage santé est disponible sur madamelabriski.com.

Le **Méchant Plaisir**

(chocolat et caramel)

Dessert décadent ou alternative santé digne d'un rêve en bouche ? Les deux ! Cette création est hallucinante. Même moi, je n'en reviens pas encore.

Donne 9 à 12 muffinskis **Four :** 180 °C (350 °F) **Cuisson :** 20 à 25 minutes

225 g (¾ de tasse) de purée de dattes
150 g (½ tasse) de compote de pommes non sucrée
250 ml (1 tasse) de lait (ou de boisson d'amande ou de soja)
1 œuf

1 c. à soupe d'extrait de caramel artificiel
½ c. à thé de bicarbonate de soude
1 c. à soupe de poudre à pâte
1 pincée de sel

150 g (1 ½ tasse) de farine d'épeautre entier
50 g (½ tasse) de poudre de cacao
40 g (⅓ de tasse) de graines de lin, broyées
50 g (¼ de tasse) de pépites de chocolat noir
40 g (¼ de tasse) de pépites de caramel Skor

Comment faire ?

01 Préchauffer le four à 180 °C (350 °F).
02 Dans un bol, bien mélanger tous les ingrédients de la section **noire**.
03 Ajouter les ingrédients de la section **grise**. Attendre la légère émulsion (pour le plaisir) et bien remuer.
04 Incorporer les ingrédients de la section **rose**.
05 Labriskinnerie ! On prend un moule à muffins et on pense à mettre des caissettes en papier parchemin ou en silicone, sinon tout va coller.
06 Déposer la succulente pâte dans les moules et décorer avec ce que vous avez sous la main.
07 Cuire au four de 20 à 25 minutes. Laisser refroidir avant de démouler.
08 Prendre le temps d'apprécier le doux parfum réconfortant de votre création.

Le **Restocitrouille**

(restes de citrouille)

Quoi faire avec les restes de citrouille ? Un cake avec une pâte sans sucre, sans produits laitiers et sans gras ajoutés qui contient plus de 520 g (4 tasses) de morceaux de cette joyeuse courge.

Donne 1 cake rond de 18 cm (7 po) **Four :** 180 °C (350 °F) **Cuisson :** environ 1 h 20 min

Les restes de citrouille

520 g (4 tasses) de citrouille, en petits morceaux
1 c. à thé de cannelle moulue
1 c. à thé de gingembre moulu

Le cake

225 g (¾ de tasse) de purée de dattes
225 g (¾ de tasse) de compote de pommes non sucrée
2 œufs

1 c. à soupe d'extrait de vanille pur
½ c. à thé de bicarbonate de soude
1 c. à soupe de poudre à pâte
1 c. à soupe de cannelle moulue
1 ½ c. à soupe de gingembre moulu
⅛ à ¼ de c. à thé de muscade moulue

150 g (1 ½ tasse) de farine avec ou sans gluten
150 g (1 ½ tasse) de flocons d'avoine à cuisson rapide
30 g (¼ de tasse) de graines de lin, broyées
60 g (½ tasse) de noix de Grenoble, en morceaux
65 g (½ tasse) de raisins secs
65 g (½ tasse) de graines de citrouille vertes, écalées

Comment faire ?

Les restes de citrouille

01 Préchauffer le gril du four.
02 Bien mélanger la citrouille et les épices dans un bol. Étaler le tout sur une plaque recouverte de papier parchemin et cuire au four 5 minutes.

Le cake

01 Préchauffer le four à 180 °C (350 °F).
02 Dans un bol, bien mélanger tous les ingrédients de la section **noire**.
03 Ajouter les ingrédients de la section **grise**. Attendre la légère émulsion (pour le plaisir) et bien remuer.
04 Incorporer les ingrédients de la section **rose** et les morceaux de citrouille.
05 Labriskinnerie ! On prend un moule à cake et on pense à mettre un léger corps gras.
06 Déposer la succulente pâte dans le moule.
07 Décorer avec des morceaux de citrouille, des raisins secs et des noix : amusez-vous !
08 Cuire au four environ 1 heure 20 minutes. Laisser refroidir avant de démouler.

Le **Tranche-noisettes**

(choco-noisettes)

Source de fibres et de festivités gourmandes, ce cake se donne très bien en cadeau d'hôtesse. Emballez-le dans du papier kraft, mettez un ruban et faites des heureux! Quoi! ce cake est santé? Oui, oui...

Donne 1 cake de 30 cm x 13 cm (12 po x 5 po) **Four:** 180 °C (350 °F) **Cuisson:** 45 minutes

225 g (¾ de tasse) de purée de dattes
150 g (½ tasse) de purée de pommes non sucrée
375 ml (1 ½ tasse) de lait
1 œuf

1 c. à soupe d'extrait de vanille pur
2 à 3 c. à soupe de café instantané à la noisette
½ c. à thé de bicarbonate de soude
1 c. à soupe de poudre à pâte
1 pincée de sel

225 g (1 ½ tasse) de farine d'épeautre entier
50 g (½ tasse) de poudre de cacao
30 g (¼ de tasse) de graines de lin, broyées
40 g (¼ de tasse) de graines de chia noir
25 à 50 g (¼ à ½ tasse) de pépites de chocolat noir
210 g (1 ½ tasse) de noisettes crues entières (avelines)

Comment faire?

01 Préchauffer le four à 180 °C (350 °F).
02 Dans un bol, bien mélanger tous les ingrédients de la section **noire**.
03 Ajouter les ingrédients de la section **grise**. Attendre la légère émulsion (pour le plaisir) et bien remuer.
04 Incorporer les ingrédients de la section **rose**.
05 Labriskinnerie! On prend un moule à cake et on pense à mettre un léger corps gras, sinon tout va coller.
06 Déposer la succulente pâte dans le moule.
07 Décorer le cake avec quelques noisettes.
08 Cuire au four environ 45 minutes. Laisser refroidir avant de démouler.
09 Prendre le temps d'apprécier le doux parfum réconfortant de votre création. Je vous le confirme: vous allez le dévorer.

Le **Trésor caché**

(cake-aux-galettes)

Une folie. Une création culinaire pour faire jaser autour de la table. Soyez créatif et osez briser les conventions. Le bonheur, c'est de découvrir des galettes Fleur de ciel dans un gâteau aux bleuets et au chocolat blanc.

Donne 1 cake rond de 18 cm (7 po) **Four:** 180 °C (350 °F) **Cuisson:** 1 h 10 min

10 à 15 galettes de 30 g (1 oz) de la Fleur de ciel (recette page 134)

225 g (¾ de tasse) de purée de dattes
225 g (¾ de tasse) de compote de pommes non sucrée
2 c. à soupe d'eau froide
2 œufs

1 c. à soupe d'extrait de vanille pur
½ c. à thé de bicarbonate de soude
1 c. à soupe de poudre à pâte
1 pincée de sel

300 g (2 tasses) de farine à pâtisserie ou autre
150 g (1 tasse) de bleuets surgelés
100 g (½ tasse) de pépites de chocolat blanc

Comment faire?

01 Préchauffer le four à 180 °C (350 °F).
02 Dans un bol, bien mélanger tous les ingrédients de la section **noire**.
03 Ajouter les ingrédients de la section **grise**. Attendre la légère émulsion (pour le plaisir) et bien remuer.
04 Incorporer les ingrédients de la section **rose**.
05 Labriskinnerie! On prend un moule à cake et on pense à mettre un léger corps gras, sinon tout va coller.
06 Déposer 5 galettes au fond du moule puis couvrir de la moitié de la succulente pâte.
07 Mettre les 5 autres galettes sur le gâteau et les couvrir du reste de pâte.
08 Décorer avec quelques bleuets et pépites de chocolat blanc.
09 Cuire au four environ 1 heure 10 minutes. Laisser refroidir avant de démouler. C'est fou comme ça sent bon dans la maison!
10 Couper en tranches et surveiller la réaction des invités...

Dessert ? Oui, oui, tous les soirs de la semaineski !

Ne dites pas à mon mari et à mes enfants bibittes à sucre que ces galettes sont santé. Ils pensent qu'ils mangent des desserts tous les soirs. Ha ! Ha ! Ha !

Vous aimez terminer vos repas en beauté ? Excellent. Avec Madame Labriski, manger santé est un choix qui goûte le ciel.

Profitez-en, cuisinez des Labriskis et générez du bonheur autour de vous.

Recettes réconfortantes

La **Vous avez dit brownies ?**

(cacao, noix et graines)

Woohaaa, wouhaaa ! Croyez-vous au paradis ? Cette galette digne d'un superaliment est la preuve que manger santé, c'est le pied. Source de fibres, d'antioxydants et de bonheur absolu.

Donne 10 galettes de 30 g (1 oz) **Four :** 180 °C (350 °F) **Cuisson :** 15 minutes

225 g (¾ de tasse) de purée de dattes
150 g (½ tasse) de compote de pommes non sucrée
60 ml (¼ de tasse) de lait (ou de boisson d'amande ou de soja)
1 œuf

1 c. à soupe d'extrait de vanille pur
½ c. à thé de bicarbonate de soude
1 c. à soupe de poudre à pâte
1 pincée de sel

75 g (½ tasse) de farine d'épeautre entier
50 g (½ tasse) de poudre de cacao
30 g (¼ de tasse) de graines de lin, broyées
100 g (½ tasse) de pépites de chocolat noir
60 g (½ tasse) de noix de Grenoble, hachées grossièrement
35 g (¼ de tasse) d'éclats de cacao cru (facultatif)

Comment faire ?

01 Préchauffer le four à 180 °C (350 °F).
02 Dans un bol, bien mélanger tous les ingrédients de la section **noire**.
03 Ajouter les ingrédients de la section **grise**. Attendre la légère émulsion (pour le plaisir) et bien remuer.
04 Incorporer les ingrédients de la section **rose**.
05 Couvrir une plaque de papier parchemin ou d'un tapis en silicone, sinon tout va coller.
06 Déposer la pâte à la cuillère pour créer de belles Labriskis.
07 Décorer chaque galette avec une belle noix de Grenoble entière.
08 Cuire au four environ 15 minutes. Profiter de l'odeur alléchante et laisser refroidir sur une grille. À déguster tous les jours, c'est ça la vie !

La **Chinoiserie**

(amandes et farine de maïs)

La **Pause-café**

(café, cannelle et gingembre)

La **Autobronzante**

(« gâteau aux carottes »)

La
AhhhBananahhh

(banane, tournesol
et chocolat noir)

La **Florida
en smoking**

(orange, pavot et chocolat noir)

La
Canarie des îles

(citron, lime et noix de coco)

La **Chinoiserie**

(amandes et farine de maïs)

Une version santé et sans gluten des fameux biscuits chinois aux amandes. Ça m'a pris des années à avoir enfin le résultat souhaité. Mine de rien, c'était du chinois d'arriver à la combinaison parfaite des ingrédients.

La **Pause-café**

(café, cannelle et gingembre)

Une galette gourmande pour arrêter le temps, le temps de la pause-café. Personnellement, je préfère les pauses-galette ou les pauses-allons-bouger ! Et vous ? Hahahaski ! Cette galette est succulente, bon régal !

La **Autobronzante**

(« gâteau aux carottes »)

Le gâteau aux carottes de ma grand-mère était succulent. Cette galette est sa version santé. Une délicieuse source de fibres et de bêtacarotène.

Comment faire ?

01 Préchauffer le four à 180 °C (350 °F).
02 Dans un bol, bien mélanger tous les ingrédients de la section **noire**.
03 Ajouter les ingrédients de la section **grise**. Attendre la légère émulsion (pour le plaisir) et bien remuer.
04 Incorporer les ingrédients de la section **rose**.

Donne 20 galettes de 30 g (1 oz) **Four :** 180 °C (350 °F) **Cuisson :** 18 minutes

150 g (½ tasse) de purée de dattes
150 g (½ tasse) de compote de pommes non sucrée
1 œuf

1 c. à soupe d'extrait d'amande pur
½ c. à thé de bicarbonate de soude
1 c. à soupe de poudre à pâte
1 pincée de sel

75 g (½ tasse) de farine de maïs
75 g (¾ de tasse) de poudre d'amandes

Donne 15 à 17 galettes de 30 g (1 oz) **Four :** 180 °C (350 °F) **Cuisson :** 15 minutes

150 g (½ tasse) de purée de dattes
150 g (½ tasse) de compote de pommes non sucrée
1 à 2 c. à soupe de mélasse verte (*blackstrap*) ou de fantaisie
1 œuf

½ c. à thé de bicarbonate de soude
1 c. à soupe de poudre à pâte
2 c. à soupe de café instantané régulier

1 c. à thé de cannelle moulue
1 c. à thé de gingembre moulu
1 c. à soupe de poudre de cacao
1 pincée de sel

150 g (1 tasse) de farine de blé entier
25 g (¼ de tasse) de son de blé
50 g (½ tasse) de flocons d'avoine à cuisson rapide
60 g (½ tasse) de noix de Grenoble, hachées
65 g (½ tasse) de raisins secs Thompson

Donne 24 galettes de 30 g (1 oz) **Four :** 180 °C (350 °F) **Cuisson :** 15 minutes

150 g (½ tasse) de purée de dattes
150 g (½ tasse) de compote de pommes non sucrée
1 œuf

1 c. à soupe d'extrait de vanille pur
½ c. à thé de bicarbonate de soude
1 c. à soupe de poudre à pâte
1 c. à soupe de cannelle moulue
¼ de c. à thé de muscade moulue

Le zeste râpé de 2 oranges
1 pincée de sel

60 g (½ tasse) de carottes, râpées finement (environ 1 grosse carotte)
300 g (2 tasses) de farine de blé entier
25 g (¼ de tasse) de germe de blé grillé
120 g (1 tasse) de noix de Grenoble, hachées
135 g (1 tasse) de raisins secs de Corinthe

05 Couvrir une plaque de papier parchemin ou d'un tapis en silicone, sinon tout va coller.
06 Déposer la pâte à la cuillère pour créer de belles Labriskis.
07 Cuire au four le temps indiqué. Profiter de l'odeur alléchante et laisser refroidir sur une grille.
08 Régalez-vous les lundis, mardis, mercredis, jeudis…

La **AhhhBananahhh**

(banane, tournesol et chocolat noir)

J'aime cette galette. On la met dans sa bouche et tout d'un coup… oh ! ça goûte la banane et c'est réconfortant. Source de fibres et de miam contagieux. Pour dire la vérité, cette recette est une Labriski-vedette.

La **Florida en smoking**

(orange, pavot et chocolat noir)

Une galette d'automne à manger à longueur d'année. Ai-je vraiment besoin de vous dire qu'elle est pleine de soleil ? Source de fibres, d'oméga-3 et de légèreté. Mordez dans ces bouchées de soleil chocolatées.

La **Canarie des îles**

(citron, lime et noix de coco)

Limonade, limonade toute fraîche ! Le goût de cette galette est si frais qu'elle aurait pu se nommer la « limonade de poche ».

Comment faire ?

01 Préchauffer le four à 180 °C (350 °F).
02 Dans un bol, bien mélanger tous les ingrédients de la section **noire**.
03 Ajouter les ingrédients de la section **grise**. Attendre la légère émulsion (pour le plaisir) et bien remuer.
04 Incorporer les ingrédients de la section **rose**.

Donne 28 galettes de 30 g (1 oz) **Four :** 180 °C (350 °F) **Cuisson :** 15 minutes

225 g (¾ de tasse) de purée de dattes
150 g (½ tasse) de yogourt nature sans gras
1 banane bien mûre, écrasée
1 œuf

1 c. à soupe d'extrait de vanille pur
½ c. à thé de bicarbonate de soude
1 c. à soupe de poudre à pâte
1 pincée de sel

225 g (1 ½ tasse) de farine de blé ou d'épeautre entier (ou autre)
30 g (¼ de tasse) de graines de lin, broyées
60 g (½ tasse) de graines de tournesol non salées, écalées
100 g (½ tasse) de pépites de chocolat noir

Donne 15 galettes de 30 g (1 oz) **Four :** 180 °C (350 °F) **Cuisson :** 15 minutes

150 g (½ tasse) de purée de dattes
150 g (½ tasse) de yogourt nature sans gras
1 œuf

1 c. à soupe d'extrait de vanille pur
½ c. à thé de bicarbonate de soude
1 c. à soupe de poudre à pâte
2 c. à soupe de graines de pavot
Le zeste râpé de 3 oranges
1 pincée de sel

225 g (1 ½ tasse) de farine d'épeautre ou autre
2 c. à soupe de graines de lin, broyées
150 g (¾ de tasse) de pépites de chocolat noir

Donne 16 galettes de 30 g (1 oz) **Four :** 180 °C (350 °F) **Cuisson :** 15 minutes

150 g (½ tasse) de purée de dattes
150 g (½ tasse) de yogourt nature
1 œuf

1 c. à soupe d'extrait de vanille pur
½ c. à thé de bicarbonate de soude
½ c. à soupe de poudre à pâte
Le zeste râpé de 1 citron et de 2 limes
1 pincée de sel

75 g (½ tasse) de farine d'épeautre ou autre
110 g (1 tasse) de flocons d'avoine à cuisson rapide
2 c. à soupe de graines de lin, broyées ou non
75 g (½ tasse) de dattes dénoyautées, hachées ou en morceaux
60 g (½ tasse) de noix de Grenoble, hachées
25 g (¼ de tasse) de noix de coco râpée non sucrée

05 Couvrir une plaque de papier parchemin ou d'un tapis en silicone, sinon tout va coller.
06 Déposer la pâte à la cuillère pour créer de belles Labriskis.
07 Décorer chacune des galettes selon votre inspiration du moment.
08 Cuire au four environ 15 minutes. Profiter de l'odeur alléchante et laisser refroidir sur une grille avant de vous régaler.

La **Ça sent la brioche**

(cannelle et raisins secs)

Hourraski ! Ça va sentir bon la brioche dans votre maison ! Cette réconfortante source de fibres donne le goût de se gâter tous les jours.

Donne 23 galettes de 30 g (1 oz) **Four :** 180 °C (350 °F) **Cuisson :** 15 minutes

200 g (⅔ de tasse) de purée de dattes
150 g (½ tasse) de compote de pommes non sucrée
3 c. à soupe d'eau
1 œuf

½ c. à thé de bicarbonate de soude
1 ½ c. à soupe de poudre à pâte
1 c. à soupe de cannelle moulue
1 pincée de sel

150 g (1 tasse) de farine sans gluten ou autre
2 c. à soupe de graines de chia
65 g (½ tasse) de raisins secs
60 g (½ tasse) de gros morceaux de pacanes, hachées

Comment faire ?

01 Préchauffer le four à 180 °C (350 °F).
02 Dans un bol, bien mélanger tous les ingrédients de la section **noire**.
03 Ajouter les ingrédients de la section **grise**. Attendre la légère émulsion (pour le plaisir) et bien remuer.
04 Incorporer les ingrédients de la section **rose**.
05 Couvrir une plaque de papier parchemin ou d'un tapis en silicone, sinon tout va coller.
06 Déposer la pâte à la cuillère pour créer de belles Labriskis.
07 Cuire au four environ 15 minutes. Profiter de l'odeur alléchante et laisser refroidir sur une grille avant de vous régaler.

La **Comme du pain aux bananes**

(banane et noix)

Son nom dit tout, cette recette est comme du pain aux bananes… vraiment santé. Source de fibres et de moments gourmands sans culpabilité.

Donne 28 galettes de 30 g (1 oz) **Four :** 180 °C (350 °F) **Cuisson :** 15 minutes

225 g (¾ de tasse) de purée de dattes
150 g (½ tasse) de compote de pommes non sucrée
1 banane bien mûre, écrasée
1 œuf

1 c. à soupe d'extrait de vanille pur
½ c. à thé de bicarbonate de soude
½ c. à soupe de poudre à pâte
⅛ de c. à thé de muscade moulue

225 g (1 ½ tasse) de farine au choix (délicieux avec la farine d'avoine)
40 g (¼ de tasse) de graines de chia
60 g (½ tasse) de noix de Grenoble en morceaux
1 grosse poignée de raisins secs (facultatif)

Comment faire ?

01 Préchauffer le four à 180 °C (350 °F).
02 Dans un bol, bien mélanger tous les ingrédients de la section **noire**.
03 Ajouter les ingrédients de la section **grise**. Attendre la légère émulsion (pour le plaisir) et bien remuer.
04 Incorporer les ingrédients de la section **rose**.
05 Couvrir une plaque de papier parchemin ou d'un tapis en silicone, sinon tout va coller.
06 Déposer la pâte à la cuillère pour créer de belles Labriskis.
07 Si désiré, décorer avec une noix de Grenoble.
08 Cuire au four environ 15 minutes et laisser refroidir sur une grille.

Chanceux ! Ça va sentir le pain aux bananes dans votre cuisine…

La **Reine-Élisabeth 2**

(dattes, noix de Grenoble, noix de coco)

Cette galette goûte le fameux gâteau Reine-Élisabeth… mais en version sans sucre et sans gras ajoutés. Une idée royale pour les collations. Source de joie réconfortante et de moments gourmands.

La **Complètement gin-gin**

(gingembre et chapelure de biscuits Graham)

Petite, j'adorais les biscuits au gingembre. Ils sont piquants et réconfortants à la fois. Voici une version santé qui vous rendra complètement gin-gin. On aime.

La **Pompette**

(alcool de Cuba et raisins)

J'ai fait cette recette pour passer les bouteilles de liqueur d'alcool qu'on achète à l'aéroport lorsqu'on revient de Cuba. Vous n'en avez pas ? Aucun problème, mettez ce que vous avez, car l'idée est d'aromatiser un peu.

Comment faire ?

01 Préchauffer le four à 180 °C (350 °F).
02 Dans un bol, bien mélanger tous les ingrédients de la section **noire**.
03 Ajouter les ingrédients de la section **grise**. Attendre la légère émulsion (pour le plaisir) et bien remuer.
04 Incorporer les ingrédients de la section **rose**.

Donne 22 galettes de 30 g (1 oz) **Four:** 180 °C (350 °F) **Cuisson:** 15 minutes

150 g (½ tasse) de purée de dattes
150 g (½ tasse) de compote de pommes non sucrée
2 œufs

2 c. à thé d'extrait de vanille pur
½ c. à thé de bicarbonate de soude
1 c. à soupe de poudre à pâte
1 c. à soupe de mélange d'épices (cannelle, muscade et clou de girofle moulus)

150 g (1 tasse) de farine au choix
30 g (¼ de tasse) de graines de lin, broyées
70 g (½ tasse) de dattes dénoyautées, en morceaux
60 g (½ tasse) de noix de Grenoble, en morceaux
50 g (½ tasse) de noix de coco râpée non sucrée

Donne 18 galettes de 30 g (1 oz) **Four:** 180 °C (350 °F) **Cuisson:** 15 minutes

100 g (⅓ de tasse) de purée de dattes
100 g (⅓ de tasse) de yogourt nature
1 œuf

1 c. à soupe d'extrait de vanille pur
½ c. à thé de bicarbonate de soude
1 c. à soupe de poudre à pâte
1 c. à soupe de gingembre moulu

90 g (1 tasse) de chapelure de biscuits Graham
50 g (½ tasse) de farine de kamut ou autre
2 c. à soupe de graines de lin, broyées
35 g (⅓ de tasse) de gingembre cristallisé, en morceaux

Donne 26 galettes de 30 g (1 oz) **Four:** 180 °C (350 °F) **Cuisson:** 15 minutes

150 g (½ tasse) de purée de dattes
150 g (½ tasse) de compote de pommes non sucrée
1 œuf

2 c. à soupe de Mulata (liqueur de cacao)
½ c. à thé de bicarbonate de soude
1 c. à soupe de poudre à pâte
½ c. à soupe de cannelle
½ c. à soupe de gingembre moulu

150 g (1 tasse) de farine d'avoine
50 g (½ tasse) de flocons d'avoine à cuisson rapide
40 g (¼ de tasse) de graines de chia
65 g (½ tasse) de raisins secs
60 g (½ tasse) de noix de Grenoble, hachées
25 g (¼ de tasse) de noix de coco râpée non sucrée

05 Couvrir une plaque de papier parchemin ou d'un tapis en silicone, sinon tout va coller.
06 Déposer la pâte à la cuillère pour créer de belles Labriskis.
07 Cuire au four environ 15 minutes. Profiter de l'odeur alléchante et laisser refroidir sur une grille avant de vous régaler.

La **Mâmâaa**

(sarrasin et ses fantaisies)

Voici la seule recette à base de farine de sarrasin dans ce livre. La galette doit être partagée, car elle est énorme… ce qui la rend encore meilleure. Une pointe de Mâmâaa et tout va bien.

Donne 1 énorme galette à partager **Four :** 180 °C (350 °F) **Cuisson :** 25 minutes

150 g (½ tasse) de purée de dattes
150 g (½ tasse) de compote de pommes non sucrée
1 œuf

1 c. à soupe d'extrait de vanille pur
½ c. à thé de bicarbonate de soude
1 ½ c. à soupe de poudre à pâte
½ c. à thé de cannelle moulue
1 pincée de sel

150 g (1 tasse) de farine de sarrasin
30 g (¼ de tasse) de graines de tournesol
25 g (¼ de tasse) de noix de coco râpée non sucrée
35 g (¼ de tasse) de raisins secs
30 g (¼ de tasse) de noix de Grenoble
50 g (¼ de tasse) de pépites de chocolat

Comment faire ?

01 Préchauffer le four à 180 °C (350 °F).
02 Dans un bol, bien mélanger tous les ingrédients de la section **noire**.
03 Ajouter les ingrédients de la section **grise**. Attendre la légère émulsion (pour le plaisir) et bien remuer.
04 Incorporer les ingrédients de la section **rose**.
05 Couvrir une plaque de papier parchemin ou d'un tapis en silicone, sinon tout va coller.
06 Déposer la pâte et créer une énorme galette.
07 Aplatir la galette à l'aide d'une cuillère et la décorer comme ça vous chante : soyez créatif !
08 Cuire au four environ 25 minutes et laisser refroidir sur une grille.
09 Partager la galette et savourer le moment présent.

Le **Sur une pinotte**
(Labriski-dans-une-tasse au beurre d'arachide)

Source d'énergie et solution minute ultrafacile à faire. Gâtez-vous !

Donne 1 Labriski-dans-une tasse **Four :** micro-ondes **Cuisson :** 1 minute

1 c. à soupe de purée de dattes
1 c. à soupe de blanc d'œuf
½ c. à soupe de beurre d'arachide naturel
½ c. à thé de poudre à pâte
1 c. à soupe de farine au choix
1 c. à thé de lait
½ c. à soupe de morceaux d'arachide ou de pépites de chocolat (facultatif)

Comment faire ?

01 Sortir votre tasse préférée d'une contenance de 250 à 310 ml (1 à 1 ¼ tasse).
02 Ajouter tous les ingrédients et bien mélanger.
03 Mettre la tasse au micro-ondes 1 minute.

Tadamski !

La **Extra T. Reste**

(vieilles poches de thé)

Voici une solution pour passer vos vieilles poches de thé et de tisane. C'est bon, c'est simple et ça vide le garde-manger. Astuce : coupez les sachets de thé et mettez le contenu directement dans la recette. Fouski !

Donne 1 cake de 30 cm x 13 cm (12 po x 5 po) **Four :** 180 °C (350 °F) **Cuisson :** 1 heure

150 g (½ tasse) de purée de dattes
150 g (½ tasse) de compote de pommes
180 ml (¾ de tasse) d'eau
1 œuf

1 ½ c. à soupe du contenu sec de sachets de thé ou de tisane (environ 3 sachets)
½ c. à thé de bicarbonate de soude
1 c. à soupe de poudre à pâte
1 pincée de sel

150 g (1 tasse) de farine sans gluten ou autre
50 g (½ tasse) de flocons d'avoine à cuisson rapide
30 g (¼ de tasse) de graines de lin, broyées

Comment faire ?

01 Préchauffer le four à 180 °C (350 °F).
02 Dans un bol, bien mélanger tous les ingrédients de la section **noire**.
03 Ajouter les ingrédients de la section **grise**. Attendre la légère émulsion (pour le plaisir) et bien remuer.
04 Incorporer les ingrédients de la section **rose**.
05 Labriskinnerie ! On prend un moule à cake et on pense à mettre un léger corps gras, sinon tout va coller.
06 Déposer la succulente pâte dans le moule.
07 Cuire au four environ 1 heure, profiter de l'odeur et laisser refroidir avant de démouler.
08 Couper en tranches et avouer que l'idée de faire un cake aux poches de thé récupérées est extra ! Ha ! Ha ! Ha !

Yé!

C'est jour de fête !

Vous aimez les jours de fête? Moi aussi. Mais rêvez-vous de pouvoir cuisiner autre chose que les fameuses recettes traditionnelles-souvent-trop-sucrées? Moi aussi.

Ici, on brise les conventions en ajoutant des fibres de joie, d'amour et de folie un peu partout. Au menu : audace et originalité. Des recettes compliquées? Non. Des recettes pour souligner les jours de fête avec une touche d'originalité. Faire la fête n'aura jamais été aussi amusant.

Recettes pour souligner les moments festifs

La **Ayoyeski**

(pépites de chocolat festives)

Yé ! Une activité pour se préparer pour l'Halloween en famille. Un classique, c'est bon. Un classique déguisé en version colorée, c'est encore meilleur. Oserez-vous faire des galettes de couleur vert Frankenstein ou rouge sang ?

Donne 18 galettes de 30 g (1 oz) **Four :** 180 °C (350 °F) **Cuisson :** 15 minutes

150 g (½ tasse) de purée de dattes
150 g (½ tasse) de compote de pommes non sucrée
1 œuf ou 60 ml (¼ de tasse) de boisson d'amande ou de soja

1 c. à soupe d'extrait de vanille pur
½ c. à thé de bicarbonate de soude
½ c. à soupe de poudre à pâte
1 pincée de sel

150 g (1 tasse) de farine au choix
30 g (¼ de tasse) de graines de lin, broyées
100 à 150 g (½ à ¾ de tasse) de pépites de chocolat noir ou blanc, au goût
Colorant alimentaire au choix (facultatif, mais amusant !)

Comment faire ?

01 Préchauffer le four à 180 °C (350 °F).
02 Dans un bol, bien mélanger tous les ingrédients de la section **noire**.
03 Ajouter les ingrédients de la section **grise**. Attendre la légère émulsion (pour le plaisir) et bien remuer.
04 Incorporer les ingrédients de la section **rose**.
05 Labriskinnerie ! Ajouter des gouttes de colorant alimentaire et s'amuser à créer des monstres.
06 Couvrir une plaque de papier parchemin ou d'un tapis en silicone, sinon tout va coller.
07 Déposer la pâte à la cuillère pour créer de belles Labriskis.
08 Cuire au four environ 15 minutes. Laisser refroidir sur une grille.
09 Amusez-vous à les offrir et à observer les réactions.

La **Sauve-toi, Cendrillon !**

(citrouille et chocolat noir)

Donnez une deuxième vie à vos citrouilles d'Halloween. Pour plus de bonheur en bouche, on mange cette galette avant les douze coups de minuit. Ha ! Ha ! Ha ! Source de fibres, de réconfort et d'un doux parfum de citrouille légèrement épicée.

Donne 20 galettes de 30 g (1 oz) **Four :** 180 °C (350 °F) **Cuisson :** 15 minutes

240 g (2 tasses) de petits morceaux de citrouille

150 g (½ tasse) de purée de dattes
150 g (½ tasse) de yogourt nature
1 œuf

1 c. à soupe d'extrait de vanille pur
½ c. à thé de bicarbonate de soude
½ c. à soupe de poudre à pâte
¼ de c. à thé de gingembre moulu
⅛ de c. à thé de muscade moulue
Le zeste râpé de 1 orange
1 pincée de sel

150 g (1 tasse) de farine d'épeautre ou de blé entier
55 g (½ tasse) de flocons d'avoine à cuisson rapide
30 g (¼ de tasse) de graines de lin, broyées
65 g (½ tasse) de graines de citrouille vertes, écalées
50 g (¼ de tasse) de pépites de chocolat noir

Comment faire ?

01 Préchauffer le gril du four.
02 Mettre les morceaux de citrouille sur une plaque et cuire au four 5 minutes. Réserver.
03 Régler le four à 180°C (350 °F).
04 Dans un bol, bien mélanger tous les ingrédients de la section **noire**.
05 Ajouter les ingrédients de la section **grise**. Attendre la légère émulsion (pour le plaisir) et bien remuer.
06 Incorporer les ingrédients de la section **rose**.
07 Ajouter la citrouille et bien remuer. Régler le four à 180 °C (350 °F).
08 Couvrir une plaque de papier parchemin ou d'un tapis en silicone, sinon tout va coller.
09 Déposer la pâte à la cuillère pour créer de belles Labriskis.
10 Décorer chacune avec des morceaux de citrouille.
11 Cuire au four environ 15 minutes. Profiter de l'odeur alléchante et laisser refroidir sur une grille. Sauve-toi, Cendrillon, avant… qu'on te dévore.

La **D.S. du père Noël**

(chocolat et noix de coco)

Cette recette est une demande spéciale (D.S.) du père Noël. Pour de vrai. C'est lui-même qui m'a fait cette demande. Cuisiné avec de la farine de noix de coco, ce délice fondant est chic, bourré de fibres et délicieux à souhait.

Donne 48 mignardises de 15 g (½ oz) **Four :** 180 °C (350 °F) **Cuisson :** 20 minutes

150 g (½ tasse) de purée de dattes
150 g (½ tasse) de yogourt nature sans gras
310 ml (1 ¼ tasse) de lait (ou de boisson d'amande ou de soja)
1 œuf

1 c. à soupe d'extrait de vanille pur ou d'extrait de noix de coco
¼ de c. à thé de bicarbonate de soude
½ c. à soupe de poudre à pâte
1 pincée de sel

150 g (1 tasse) de farine de coco (c'est plein de fibres sans gluten !)
50 g (½ tasse) de poudre de cacao
60 g (½ tasse) de graines de lin, broyées
100 g (½ tasse) de pépites de chocolat noir
50 g (½ tasse) de noix de coco râpée non sucrée

Environ 100 g (1 tasse) de noix de coco râpée non sucrée (pour rouler les boules)

Comment faire ?

01 Préchauffer le four à 180 °C (350 °F).
02 Dans un bol, bien mélanger tous les ingrédients de la section **noire**.
03 Ajouter les ingrédients de la section **grise**. Attendre la légère émulsion (pour le plaisir) et bien remuer.
04 Incorporer les ingrédients de la section **rose**.
05 Couvrir une plaque de papier parchemin ou d'un tapis en silicone, sinon tout va coller.
06 Avec les mains, transformer la pâte en petites boules, puis les rouler dans la noix de coco. Ça colle un peu aux doigts, mais ça vaut la peine.
07 Cuire au four environ 20 minutes. Profiter de l'odeur alléchante et laisser refroidir sur une grille avant de vous régaler.

Le **Ho ! Ho ! Ho ! fruits**

(couleurs des Fêtes)

Une version rafraîchissante des traditionnels gâteaux aux fruits. Une version contemporaine ? On peut dire que oui. Mettez de joyeuses couleurs dans vos festivités, osez cuisiner cette recette énergisante de santé.

Donne 1 cake de 30 cm x 13 cm (12 po x 5 po) **Four :** 180 °C (350 °F) **Cuisson :** 50 minutes

150 g (½ tasse) de purée de dattes
150 g (½ tasse) de compote de pommes non sucrée
310 ml (1 ¼ tasse) de lait (ou de boisson d'amande ou de soja)
1 œuf

1 c. à soupe d'extrait de vanille pur
½ c. à thé de bicarbonate de soude
1 c. à soupe de poudre à pâte
1 pincée de sel

225 g (1 ½ tasse) de farine d'avoine ou de blé
40 g (¼ de tasse) de graines de chia noir

110 g (⅔ de tasse) de cerises séchées
90 g (⅔ de tasse) de canneberges séchées
70 g (⅔ de tasse) de canneberges surgelées, coupées en deux
55 g (⅔ de tasse) de tranches de kiwis séchés
80 g (⅔ de tasse) de noix de Grenoble, en morceaux
50 g (¼ de tasse) de pépites de chocolat blanc (facultatif)

Comment faire ?

01 Préchauffer le four à 180 °C (350 °F).
02 Dans un bol, bien mélanger tous les ingrédients de la section **noire**.
03 Ajouter les ingrédients de la section **grise**. Attendre la légère émulsion (pour le plaisir) et bien remuer.
04 Incorporer graduellement les ingrédients de la section **rose** et bien mélanger.
05 Labriskinnerie ! On prend un moule à cake et on pense à mettre un léger corps gras, sinon tout va coller.
06 Déposer la succulente pâte dans le moule.
07 Décorer le cake avec des tranches de kiwis séchés en essayant de faire un sapin.
08 Cuire au four environ 50 minutes. Laisser refroidir avant de démouler.
09 Prendre le temps d'apprécier le doux parfum réconfortant de votre création.

Joyeux temps des Fêteskis !

La **Rudolphette**

La **Méli-mélove**

La **Fraîchemallow**

La
Capitaine Grignote

La
Patrimoine endimanché

La **Rudolphette**

(Red velvet)

Dans le temps des Fêtes, y'a pas juste le nez du célèbre renne Rudolphe qui est rouge, la galette du moment aussi. Imaginez comme ce sera beau sur votre table à desserts... En plus, elle est santé : c'est un vrai cadeau du ciel.

La **Méli-mélove**

(fibres d'amour et ses chocolats)

Cette galette est tellement bonne qu'on en tombe amoureux dès les premières bouchées. C'est une source de fibres et d'amouuuuur en bouchées. Sortez le Cupidon en vous !

La **Fraîchemallow**

(fraises et guimauves)

Cette idée m'est venue en revenant d'une fin de semaine de camping. Qu'est-ce qu'on fait avec un reste de guimauves ? Des galettes aux fraises fraîches et à la guimauve. Quelle belle idée festive !

Comment faire ?

01 Préchauffer le four à 180 °C (350 °F).
02 Dans un bol, bien mélanger tous les ingrédients de la section **noire**.
03 Ajouter les ingrédients de la section **grise**. Attendre la légère émulsion (pour le plaisir) et bien remuer.
04 Incorporer les ingrédients de la section **rose**.

Donne 15 galettes de 30 g (1 oz) **Four:** 180 °C (350 °F) **Cuisson:** 15 minutes

150 g (½ tasse) de purée de dattes
150 g (½ tasse) de yogourt nature
1 œuf

1 c. à soupe d'extrait de vanille pur
½ c. à thé de bicarbonate de soude
1 c. à soupe de poudre à pâte
2 c. à soupe de poudre de cacao
3 à 4 c. à soupe (ou plus) de colorant alimentaire rouge

150 g (1 tasse) de farine de blé entier ou autre
40 g (⅓ de tasse) de graines de lin, broyées
100 g (½ tasse) de pépites de chocolat blanc

Donne 12 à 15 galettes de 30 g (1 oz) **Four:** 180 °C (350 °F) **Cuisson:** 17 minutes

150 g (½ tasse) de purée de dattes
150 g (½ tasse) de yogourt nature sans gras
60 ml (¼ de tasse) de lait
1 œuf

1 c. à soupe d'extrait de vanille
½ c. à thé de bicarbonate de soude
½ c. à soupe de poudre à pâte
1 pincée de sel

75 g (½ tasse) de farine d'épeautre entier
50 g (½ tasse) de poudre de cacao
35 g (⅓ de tasse) de son de blé
30 g (¼ de tasse) de graines de lin, broyées
25 g (¼ de tasse) de noix de coco non sucrée râpée
50 g (¼ de tasse) de grains de chocolat noir 75 % ou mi-sucré
50 g (¼ de tasse) de grains de chocolat blanc

Donne 15 galettes de 30 g (1 oz) **Four:** 180 °C (350 °F) **Cuisson:** 20 minutes

150 g (½ tasse) de purée de dattes
150 g (½ tasse) de compote de pommes non sucrée
1 œuf

½ c. à thé de bicarbonate de soude
½ c. à soupe de poudre à pâte
1 pincée de sel

180 g (1 ¼ tasse) de farine avec ou sans gluten
2 c. à soupe de graines de lin, broyées
150 g (1 tasse) de fraises fraîches, en petits morceaux
60 g (1 tasse) grosses guimauves, en morceaux (9 ou 10 guimauves)

05 Couvrir une plaque de papier parchemin ou d'un tapis en silicone, sinon tout va coller.
06 Déposer la pâte à la cuillère pour créer de belles Labriskis.
07 Décorer chaque galette avec ce que vous avez sous la main. Soyez créatif!
08 Cuire au four le temps indiqué. Laisser refroidir sur une grille avant de vous régaler.

La **Capitaine Grignote**

(caramel et mélange salé)

Bretzels, bâtonnets de sésame au cajun, arachides barbecue… prenez vos restants de grignotines de party et mettez-les dans cette pâte à galettes. Si vous aimez le mélange sucré-salé, vous serez au pas devant la Capitaine Grignote.

La **Patrimoine endimanché**

(sirop d'érable et pacanes)

Moelleuse et réconfortante, cette création printanière est un petit plaisir du temps des sucres. À noter qu'elle est comme la tire sur la neige : elle est meilleure une fois refroidie.

Comment faire ?

01 Préchauffer le four à 180 °C (350 °F).
02 Mettre tous les ingrédients de la section **noire** dans un bol et bien mélanger.
03 Ajouter les ingrédients de la section **grise**. Attendre la légère émulsion (pour le plaisir) et bien remuer.
04 Incorporer les ingrédients de la section **rose** et bien mélanger.

Donne 15 galettes de 30 g (1 oz) **Four :** 180 °C (350 °F) **Cuisson :** 15 minutes

150 g (½ tasse) de purée de dattes
150 g (½ tasse) de compote de pommes non sucrée
1 œuf

1 c. à soupe d'extrait de caramel artificiel
½ c. à thé de bicarbonate de soude
1 c. à soupe de poudre à pâte
1 pincée de sel

150 g (1 tasse) de farine au choix
50 g (¼ de tasse) de pépites de caramel
50 g (½ tasse) de bretzels et de mélange de grignotines salées

Donne 20 galettes de 30 g (1 oz) **Four :** 180 °C (350 °F) **Cuisson :** 15 minutes

150 g (½ tasse) de purée de dattes
150 g (½ tasse) de yogourt nature
125 ml (½ tasse) de sirop d'érable
1 œuf

½ c. à thé de bicarbonate de soude
1 c. à soupe de poudre à pâte
1 pincée de sel

150 g (1 tasse) de farine d'avoine
150 g (1 tasse) de farine d'épeautre entier
30 g (¼ de tasse) de graines de lin, broyées
120 g (1 tasse) de pacanes, hachées grossièrement

Le saviez-vous ?
La pacane ajoute un goût de beurre à toutes les recettes.

05 Couvrir une plaque de papier parchemin ou d'un tapis en silicone, sinon tout va coller.
06 Déposer la pâte à la cuillère pour créer de belles Labriskis.
07 Décorer chaque galette avec un bretzel.
08 Cuire au four environ 15 minutes et laisser refroidir sur une grille. C'est la fête !

La **Crounchaouète à l'érable**

(érable, arachides et avoine)

Une recette sans purée de dattes ? Exactement. Elle est toute simple et super rapide à faire pour mettre en valeur notre bon sirop d'érable et fêter l'arrivée du printemps. Bonheur ! Bonheur ! Bonheur !

Donne 14 croustillants de 30 g (1 oz) **Four :** 180 °C (350 °F) **Cuisson :** 15 minutes

1 œuf
125 ml (½ tasse) de sirop d'érable
55 g (½ tasse) de flocons d'avoine à cuisson rapide
20 g (1 tasse) de millet soufflé
75 g (½ tasse) d'arachides, broyées

Comment faire ?

01 Préchauffer le four à 180 °C (350 °F).
02 Mettre tous les ingrédients dans un bol et bien mélanger.
03 Couvrir une plaque de papier parchemin ou d'un tapis en silicone, sinon tout va coller.
04 Déposer la pâte à la cuillère ou à la portionneuse pour créer de belles Labriskis.
05 C'est tout ? Ouiski !
06 Cuire au four environ 15 minutes.
07 Profiter de l'odeur alléchante et laisser refroidir sur une grille.

C'est croustillant et ça goûte bon le printemps !

L'Index